[redacted]

[illegible]

Grund- und Aufbauwortschatz Französisch

Grund- und Aufbauwortschatz Französisch

bearbeitet von Günter Nickolaus

Ernst Klett Stuttgart

1. Auflage 1 7 6 5 | 1983 82 81 80

Das Klettbuch 52351 ist gegenüber dem Klettbuch 5235, 1. Auflage, (ISBN 3-12-523500-6) um das Register erweitert worden. Grund- und Aufbauwortschatz der Klettbücher 52351 und 5235 entsprechen sich.

Druck: Sellier GmbH, Freising. Printed in Germany.
ISBN 3-12-523510-3

Inhalt

Vorwort/Gebrauchsanweisung

Der allgemeine Wortschatz der französischen Sprache besteht aus über hunderttausend Wörtern, der gebräuchliche Wortschatz aus etwa 50 000 Wörtern. Nicht einmal der Durchschnittsfranzose beherrscht diese, und es ist selbstverständlich, daß kein Ausländer je diesen Reichtum bewältigen kann. Zum Glück entscheidet über Sprech- und Sprachkenntnis nicht allein die Fülle der bekannten Wörter, sondern ihre Häufigkeit bei mündlichem und schriftlichem Gebrauch, die *Worthäufigkeit*. Man hat das gesprochene und geschriebene Französisch untersucht und hat dabei — wie übrigens auch für andere Sprachen — folgendes herausgefunden:

Die *Strukturwörter*, eine kleine Gruppe von 75 Wörtern, machen rund die Hälfte eines jeden Normaltextes mittlerer Schwierigkeit aus; die 10 häufigsten von diesen Wörtern allein rund 25%. Diese Wörter kennt jeder, der sich ein wenig mit der Sprache beschäftigt hat. Wer nur sie kennt, kann freilich nichts damit anfangen.

Der *Grundwortschatz* umfaßt dagegen etwa 2000 Wörter und Redewendungen. Mit seiner Hilfe kann man einen normalen, d. h. nicht technisch spezialisierten Text zu etwa 85% erfassen und ein Alltagsgespräch führen.

Der *Aufbauwortschatz* umfaßt nach der Häufigkeit weitere 2 500 Wörter und Redewendungen. Mit seiner Hilfe kann man weitere 10% eines normalen Textes, also insgesamt 90—95%, verstehen. Wer Grund- und Aufbauwortschatz aktiv und passiv beherrscht, kann sich jederzeit mündlich und schriftlich geläufig ausdrücken.
Es ist nicht sinnvoll, den Wortschatz einer Sprache noch weiter systematisch aufzugliedern. Eine dritte Gruppe von weiteren 2000—2500 Wörtern würde bei der Lektüre eines Normaltextes nur zu einem Gewinn von etwa 2% führen.

Wer also den Grund- und Aufbauwortschatz beherrscht, wie er in diesem Buch dargeboten wird, kennt den wichtigsten Teil des französischen Wortschatzes. Wie aber gelangt man zur Beherrschung eines solchen Vokabulars? Jeder Sportler weiß, daß man Höchstleistungen nur durch ständiges Training erreichen kann. Das gilt auch für die Erlernung von Sprachen. Das menschliche Gedächtnis ist ein Wunderwerk, das man systematisch schulen und weiterentwickeln kann. Dabei gilt: Wer täglich nur 15 Minuten regelmäßig arbeitet, wird viel mehr lernen als derjenige, der nur einmal in der Woche, etwa am Wochenende, zwei Stunden an diese Arbeit wendet. Das erste Gebot heißt also: Regelmäßigkeit. Das zweite, ebenso wichtige Gebot heißt: Ausdauer. Wer seine regelmäßige Arbeit

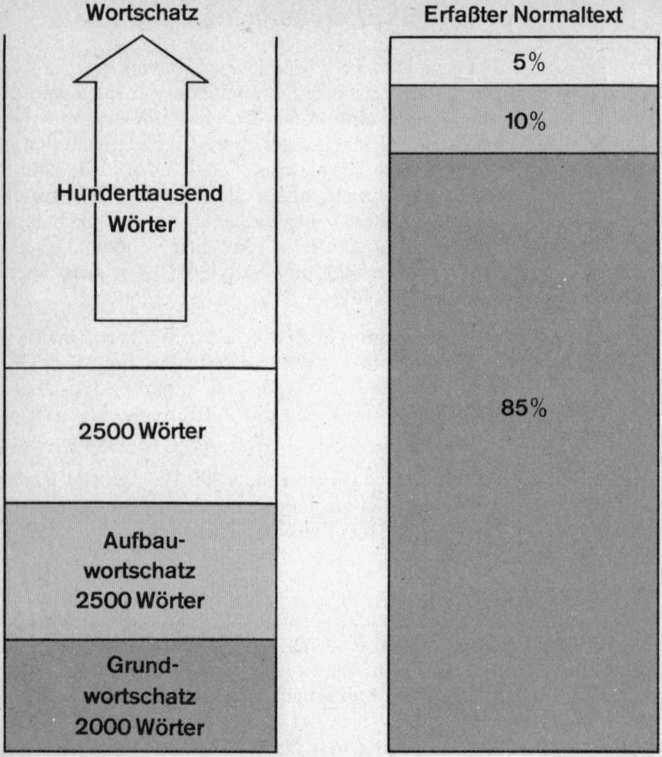

Mit dem Grundwortschatz (2000 Wörter) erfaßt man 85% eines Normaltextes, mit dem Aufbauwortschatz (plus 2500 Wörter) weitere 10%, zusammen also 95% eines Normaltextes.

längere Zeit durchhält, wird spüren, wie sein Verständnis für die Sprache geweckt wird, daß sein Interesse und damit seine Freude an der Fremdsprache größer wird. Und wer Freude an einer Sprache hat, wird wiederum leichter lernen!

Der *Grundwortschatz* ist in diesem Buch alphabetisch geordnet. Von ihm muß jeder ausgehen, der tiefer in das Französische eindringen will. Wer bemerkt, daß er ihn nicht beherrscht, sollte sich zunächst die Grundwörter zum festen Besitz machen. Das geschieht am besten folgendermaßen:

1. Lesen beider Spalten
2. Einprägen
3. Wiederholen (jeweils eine Spalte zuhalten!)
4. Niederschreiben
5. Nachschlagen und Vergleichen

In einem weiteren Arbeitsabschnitt empfiehlt es sich, die Wörter, die sich auch bei aller Bemühung nicht dem Gedächtnis einprägen, mit einem roten Stift anzustreichen und dann die rot markierten Wörter in der angegebenen Weise nochmals zu bearbeiten. Dadurch reduzieren sich die nicht eingeprägten Wörter — seltsamerweise gibt es immer einen solchen Restbestand — auf ein Minimum.

Zur festen Einprägung des Grundwortschatzes empfiehlt sich darüber hinaus die Arbeit mit dem Wiederholungs- und Übungsbuch *Vocabulaire de base — Exercices pratiques* (Klettbuch 52352). Es führt hin zur aktiven wie passiven Beherrschung des französischen Grundwortschatzes.

Der *Aufbauwortschatz* kann nach diesen Vorbereitungen mit Gewinn angegangen werden. Er ist nach Sachgruppen geordnet, und zwar innerhalb dieser Gruppen in der Reihenfolge: Substantiv — Verb — Adjektiv — Adverb. An die Einzelwörter schließen sich *Sätze und Redewendungen* sowie *Aktionsreihen* an.

Vor jeder Sachgruppe befinden sich einsprachig und in alphabetischer Reihenfolge die Wörter des Grundwortschatzes, die zu dem betreffenden Themenkreis gehören. Der Lernende kann also selbst schnell überprüfen, ob er den Grundwortschatz tatsächlich beherrscht, und sollte sich die noch unbekannten Grundwörter auf jeden Fall noch einmal einprägen, sie gegebenenfalls aufschreiben, um sich zunächst auf diese allein zu konzentrieren.

Dann wird man sich nach den oben angegebenen Grundsätzen dem Erwerb des Aufbauwortschatzes zuwenden. Drei Wege sind möglich:

1. man kann ihn systematisch von Anfang an erarbeiten,
2. man kann, je nach der Interessenlage des einzelnen, Sachgruppen herausgreifen und bearbeiten,
3. man kann, wenn ein bestimmter Text oder ein Buch aus einem Sachgebiet gelesen werden soll, vor der Lektüre die betreffenden Sachgruppen systematisch studieren.

Von großer Bedeutung sind die jeder Sachgruppe beigegebenen Sätze und Redewendungen sowie die Aktionsreihen. Mit ihnen werden wertvolle Sinneinheiten geboten, die eine wesentliche Bereicherung der Ausdrucksfähigkeit bedeuten. Man sollte sich solche idiomatischen Ausdrücke fest einprägen wie Einzelwörter.

Wer nach diesem Grund- und Aufbauwortschatz regelmäßig und ausdauernd arbeitet, hat die Gewähr, daß sich seine Mühe lohnt.

Liste der Abkürzungen

a.	auch	*aussi*
adj	Adjektiv	*adjectif*
adv	Adverb	*adverbe*
Akk.	Akkusativ	*accusatif*
allg	allgemein	*généralement*
art	Artikel	*article*
bes.	besonders	*principalement*
bot	Botanik	*botanique*
cf.	vergleiche	*voir, se reporter à*
cond	Konditional	*conditionnel*
conj	Konjunktion	*conjonction*
Dat.	Dativ	*datif*
el	Elektrizität	*électricité*
etc.	usw., und so weiter	*et caetera*
etw	etwas	*quelque chose*
f	weiblich	*féminin*
fam	familiär	*familier*
fig	bildlich	*figuré*
Gen.	Genitiv	*génitif*
gér		*gérondif*
imp	unpersönlich	*impersonnel*
ind	Indikativ	*indicatif*
inf	Infinitiv	*infinitif*
interj	Interjektion	*interjection*
inv	unveränderlich	*invariable*
itr	intransitiv	*intransitif*
jdm	jemandem	*à quelqu'un*
jdn	jemanden	*quelqu'un*
jur	juristisch	*juridique*
kath.	katholisch	*catholique*
lit	literarisch	*littéraire*
m	männlich	*masculin*
math	Mathematik	*mathématiques*
mil	Militär	*militaire*
mus	Musik	*musique*
nachgest.	nachgestellt	*placé après*
Nom.	Nominativ	*nominatif*
pl	Plural	*pluriel*
prn	Pronomen	*pronom*
prn int	Fragepronomen	*pronom interrogatif*
prn pers	Personalpronomen	*pronom personnel*
prn poss	Possessivpronomen	*pronom possessif*

prn rel	Relativpronomen	*pronom relatif*
prot.	protestantisch	*protestant*
prp	Präposition	*préposition*
qc	etwas	*quelque chose*
qn	jemand	*quelqu'un*
sing	Singular	*singulier*
subj	Konjunktiv	*subjonctif*
subst	Substantiv	*substantif*
tech	Technik	*technique*
tele	Telegraph, Telefon	*télégraphe, téléphone*
theat	Theater	*théâtre*
tr	transitiv	*transitif*
u.	und	*et*
unverb.	unverbunden	*absolu, tonique*
usw.	etc., und so weiter	*et caetera*
v	Verb	*verbe*
verb.	verbunden	*conjoint, atone*
vorgest.	vorgestellt	*placé avant*
Zssg.	Zusammensetzung	*mot composé*

Die Strukturwörter der französischen Sprache

Diese 75 Wörter machen rund 50% eines jeden Normaltextes mittleren Schwierigkeitsgrades aus, davon 10 allein rund 25% eines solchen Textes (nach der Häufigkeit Nr. 30; 13; 1; 21; 68/69; 28/36/37; 5; 27; 52; 39).

1. **à** (au, à la — aux)	nach, zu, in, an, auf, mit, bis, um, bei
2. **aller**	gehen, fahren
3. **autre**	andere(r, s)
4. **avec**	mit
5. **avoir**	haben
6. **bien** (adv)	gut
7. **bon, bonne**	gut
8. **ce**	es, das
9. **ce, cet, cette — ces**	diese(r, s) — diese
10. **comme** (adv)	wie (so wie)
11. **comme** (conj)	gerade als, während, da, weil
12. **dans**	in
13. **de** (du, de la — des)	von, vor, für, mit
14. **deux**	zwei
15. **dire**	sagen
16. **donner**	geben
17. **elle — elles**	sie *(f)*
18. **en** (prn)	in, nach, an, zu, aus, als
19. **en** (adv prn)	davon, dessen, deren, welche
20. **enfant** m/f	Kind
21. **et**	und
22. **être** (Zeitwort)	sein
23. **faire**	machen, tun
24. **femme** f	Frau
25. **grand, e**	groß
26. **homme** m	Mann, Mensch
27. **il — ils**	er — sie *(m)*
28. **je**	ich
29. **jour** m	Tag
30. **le, la — les** (art)	der, die, das — die
31. **le, la — les** (prn)	ihn, sie, es — sie
32. **leur — leurs** (adj)	ihr — ihre
33. **leur** (prn)	ihnen
34. **lui**	*(verb.)* ihm, ihr — *(unverb.)* er, ihn, sie
35. **mais**	aber, sondern

36. **me**	mir, mich
37. **moi**	*(verb.)* mir, mich — *(unverb.)* ich
38. **mon, ma — mes**	mein(e) — meine
39. **ne ... pas**	nicht
40. **notre — nos**	unser(e) — unsere
41. **nous**	wir, uns
42. **on**	man
43. **ou**	oder
44. **où**	wo, wohin
45. **par**	durch, bei, von, an, mit, per
46. **pas** (de)	nicht, kein
47. **petit, e**	klein, gering
48. **plus** (de)	mehr
49. **pour**	für, um zu
50. **pouvoir** (Zeitwort)	können
51. **prendre**	nehmen
52. **que** (conj)	daß, *(beim Komparativ:)* als
53. **que ...?** (prn int)	was ... ? *(Akk.)*
54. **que** (prn rel)	den, die, das, welche(n), was *(Akk.)*
55. **qui?** (prn int)	wer ? wen ?
56. **qui** (prn rel)	der, die, das; welche(r, s) — die, welche
57. **sans**	ohne, ohne zu
58. **savoir** (Zeitwort)	wissen, können, kennen
59. **se**	sich
60. **si** (conj)	wenn, falls; ob
61. **si** (adv)	so *(Gradadverb)*
62. **son, sa — ses**	sein(e) — seine; ihr(e) *(1 Person)*
63. **sur**	auf, über, an
64. **te**	dir, dich
65. **toi**	*(verb.)* dir, dich — *(unverb.)* du
66. **tout**	alles
67. **tu**	du
68. **un, une** (art)	ein(er, e, es)
69. **un, une** (Zahlwort)	eins *(1)*; ein(er, e, es)
70. **venir**	kommen
71. **voir**	sehen
72. **votre — vos**	euer, eure, Ihr(e) — eure, Ihre
73. **vouloir**	wollen
74. **vous**	ihr, euch, Sie, Ihnen
75. **y**	da, dort; dahin, dorthin, darin, daran

Grundzahlen		Ordnungszahlen	
un, une	eins	**le premier, la première**	der/die/das erste
deux	zwei	**le second, la seconde, le/la deuxième**	der/die/das zweite
trois	drei	**le/la troisième**	der/die/das dritte
quatre	vier		
cinq	fünf	**quatrième**	vierte
six	sechs	**cinquième**	fünfte
sept	sieben	**sixième**	sechste
huit	acht	**septième**	siebte, siebente
neuf	neun	**huitième**	achte
dix	zehn	**neuvième**	neunte
onze	elf	**dixième**	zehnte
douze	zwölf		
treize	dreizehn	**premièrement**	erstens
quatorze	vierzehn	**deuxièmement**	zweitens
quinze	fünfzehn	**troisièmement**	drittens
seize	sechzehn	**quatrièmement**	viertens
dix-sept	siebzehn	**cinquièmement**	fünftens
dix-huit	achtzehn	**sixièmement**	sechstens
dix-neuf	neunzehn	**septièmement**	siebtens, siebentens
vingt	zwanzig	**huitièmement**	achtens
trente	dreißig	**neuvièmement**	neuntens
quarante	vierzig	**dixièmement**	zehntens
cinquante	fünfzig		
soixante	sechzig		
soixante-dix	siebzig		
quatre-vingt(s)	achtzig		
quatre-vingt-dix	neunzig		
cent	hundert		

Der Grundwortschatz

A

à (à l', à la, au, aux)	nach, zu, in, an, auf, mit, bis, um, bei
à Paris	*nach/in Paris*
aller à l'école	*in die/zur Schule gehen*
à la française	*auf französische Art*
au revoir	*auf Wiedersehen!*
à la machine	*mit der Maschine (angefertigt)*
à demain/à jeudi!	*bis morgen/bis Donnerstag!*
à trois heures	*um drei Uhr*
abandonner	im Stich lassen, aufgeben
abattre	niederschlagen, fällen
d'abord	zuerst, an erster Stelle
tout d'abord	*zuallererst*
les abords m *(d'une ville)*	*Umgebung (einer Stadt)*
aboutir (à)	enden (an), (zu etw) führen
l'abri m	Schutz(raum), Obdach
à l'abri de	*sicher vor, geschützt gegen*
absolu, e	unumschränkt, unbedingt
absorber	aufsaugen, völlig beanspruchen
l'accent m	Akzent, Betonung, Ton
accepter	annehmen, zustimmen
l'accident m	Unfall, Unglück, Vorfall
dans un accident	*bei einem Unfall*
accompagner	begleiten *(a. mus)*, mitgehen
accomplir	vollenden, erfüllen
l'accord m	Einverständnis, Vereinbarung
d'accord	*einverstanden, abgemacht!*
il est d'accord avec moi	*er stimmt mit mir überein*
nous sommes (tombés)	*wir sind uns einig (geworden)*
accorder *[d'accord*	in Einklang bringen; gewähren
accourir (avoir/être)	herbeieilen, zusammenströmen
accueillir [akœji:r]	aufnehmen, empfangen
acheter [aʃte]	kaufen
achever	beenden, vollenden
s'achever	*zu Ende gehen*
acquérir	erwerben, kaufen
l'acte m	Tat, abgeschlossene Handlung; Urkunde; Akt *(theat)*
l'action f	Handlung *(Tätigkeit, a. theat);* Aktie
admettre	zulassen, -geben
admettons que ... + subj	*nehmen wir an, daß ...*

l'administration f	Verwaltung, Leitung
admirable	wunderbar, prächtig
l'admiration f	Bewunderung
admirer (qc)	bewundern, staunen (über)
adopter	adoptieren; übernehmen *(Meinung)*
l'adresse f	Adresse; Gewandtheit
adresser (à)	adressieren, senden (an)
s'adresser (à)	*sich wenden/richten (an)*
adroit, e	geschickt, gewandt, schlau
l'affaire f	Sache, Angelegenheit, Geschäft
avoir affaire à qn	*es mit jdm zu tun haben*
affirmer	versichern, bejahen
affreux, -euse	abscheulich, gräßlich
afin de + inf/**que** + subj	um zu/damit
l'âge m	Alter, Zeitabschnitt
à l'âge de trente ans	*im Alter von 30 Jahren*
quel âge avez-vous?	*wie alt sind Sie?*
l'agent m	Agent; Angestellter; Vertreter
l'agent (de police)	*Polizeibeamter, Polizist*
agir	handeln, sich benehmen
de quoi s'agit-il?	*worum handelt es sich?*
agiter	bewegen, auf-, erregen
agréable	angenehm, gefällig
l'aide f	Hilfe
à l'aide de qc/avec l'aide de qn	*mit Hilfe von etw/jdm*
l'aide m/f	Gehilfe/Gehilfin, Helfer/in
aider qn (à faire qc)	jdm helfen, jdn unterstützen
l'aiguille [egɥij] f	(Näh-)Nadel; Uhrzeiger; Weiche
l'aile f	Flügel; Tragfläche; Kotflügel
ailleurs	anderswo, woanders
d'ailleurs	*übrigens, überdies*
aimable	liebenswürdig, freundlich
aimer ((à) faire qc)	lieben, gern haben, mögen
aimer mieux faire qc	*etw lieber tun/wollen*
ainsi adv/conj	so, auf diese Weise
ainsi que conj	*sowie*
l'air m	Luft; Aussehen, Miene; Melodie, Lied
elle a l'air heureuse (heureux)	*sie sieht glücklich aus*
il a l'air d'un voleur	*er sieht aus wie ein Dieb*
il a l'air de dormir	*er scheint zu schlafen*
l'aise f	Wohlbehagen, Bequemlichkeit
à l'aise	*bequem*
ajouter	hinzufügen

l'Allemand, e m/f	der/die Deutsche
allemand, e	deutsch
l'allemand m	Deutsch, die deutsche Sprache
parlez-vous (l') allemand?	*sprechen Sie Deutsch?*
aller	gehen; fahren
aller à Paris/à l'école/chez le coiffeur	*nach Paris fahren/zur Schule/zum Friseur gehen*
comment allez-vous?	*wie geht es Ihnen?*
ce chapeau vous va bien/mal	*dieser Hut steht Ihnen gut/schlecht*
aller voir qn	*jdn besuchen*
allez chercher le médecin	*holen Sie den Arzt!*
allons!	*los! na, na! nun!*
allons donc!	*Unsinn! unmöglich! ach was!*
s'en aller	*fortgehen, -fahren, -reisen*
allumer	anzünden, -machen *(Licht)*
l'allumette f	Streichholz
alors	da, dann, nun, damals
alors que conj	*während* (a. Gegensatz), *als*
l'âme f	Seele; Geist; Gemüt
amener [amne]	zuführen, (jdn) mitbringen
qu'est-ce qui vous amène?	*was führt Sie her?*
amer [amɛ:r], **amère**	bitter
l'ami/amie m/f (adj)	Freund/in (befreundet)
un de mes amis	*ein Freund von mir*
l'amitié [amitje] f	Freundschaft, Zuneigung
l'amour m	Liebe, Leidenschaft
l'amour de Dieu/de la patrie/de la liberté	*Liebe zu Gott/Vaterlands-/Freiheitsliebe*
amusant, e	lustig, unterhaltend
amuser	unterhalten, belustigen
s'amuser de qc	*sich über etw lustig machen*
s'amuser à faire qc	*sich die Zeit vertreiben mit*
l'an m (bes. bei Zahlen)	Jahr
j'ai quinze ans	*ich bin 15 Jahre alt*
jusqu'à vingt ans	*bis zum 20. Lebensjahr*
tous les ans	*jedes Jahr, alljährlich*
ancien, ne	alt; ehemalig, früher
les langues anciennes	*die alten Sprachen*
mon ancien maître	*mein alter/früherer Lehrer*
l'âne m	Esel
l'Anglais, e m/f	Engländer/in
anglais, e	englisch
l'anglais m	Englisch, die englische Sprache
comprenez-vous l'anglais?	*verstehen Sie Englisch?*

l'angoisse f	Angst, Beklemmung
l'animal (-aux) m	Tier
l'année f	Jahr (bes. Zeitraum, Dauer)
il aura quinze ans dans l'année	*er wird in diesem Jahr/im Laufe des Jahres 15 Jahre alt*
chaque année	*jedes Jahr, alljährlich*
annoncer	an-, verkünd(ig)en
août [u] m	August
apercevoir (qc)	bemerken, erblicken, sehen
s'apercevoir (de)	*bemerken, gewahr werden*
apparaître (avoir/être)	erscheinen, auftreten
l'appareil m	Apparat, Gerät; Kamera
l'apparence f	Aussehen, Schein, Erscheinung
l'appartement [apartəmɑ̃] m	Wohnung; Zimmerflucht
appartenir (à)	(an)gehören; betreffen
l'appel m	Ruf, An-, Aufruf
appeler [aple]	rufen, nennen, anrufen
s'appeler	*heißen, sich nennen*
appliquer	ver-, anwenden, auf-, anlegen
s'appliquer à (faire) qc	*sich befleißigen; betreffen*
apporter	(etw) (mit)bringen, herbeischaffen
apprendre (qc à qn/ à faire qc)	lernen; erfahren; mitteilen; lehren
s'apprêter (à)	sich fertigmachen/anschicken (zu)
approcher (de)	näherrücken, herankommen (an)
l'hiver approche	*der Winter naht*
s'approcher (de)	*sich nähern, näherkommen*
appuyer (à, contre/sur)	stellen (gegen)/drücken (auf)
s'appuyer (sur)	*sich stützen/lehnen (auf)*
après prp/adv	nach *(Zeit, Ort)*/danach, später
peu après	*kurz danach, kurz darauf*
et après?	*und dann?*
d'après	*gemäß, entsprechend*
après que/après + inf passé	*nachdem*
l'après-midi m, f inv	Nachmittag *(Zeitpunkt, -dauer)*
dans l'après-midi	*im Laufe des Nachmittags*
par un(e) bel(le) après-midi	*an einem schönen Nachmittag*
l'arbre m	Baum; Achse *(tech)*
l'argent m	Silber; Geld
l'arme f	Waffe
l'armée f	Armee, Heer
l'armée de terre/de mer/ de l'air	*Landheer / Marine / Luftwaffe*
armer (de)	bewaffnen, ausrüsten (mit)

l'armoire f	Schrank
arracher	ent-, ausreißen, wegnehmen
se faire arracher une dent	*sich einen Zahn ziehen lassen*
arranger	einrichten, anordnen
s'arranger	*sich einrichten/erledigen*
cela s'arrangera	*das wird schon klappen*
cela m'arrangerait	*das würde mir (gut) passen*
arrêter qn/qc	an-, aufhalten; verhaften/festlegen
s'arrêter	*stehenbleiben, halten*
en arrière adv	rückwärts, zurück
ne restez pas en arrière	*bleibt nicht zurück!*
l'arrivée f	Ankunft, Eintreffen
à mon arrivée	*bei meiner Ankunft*
arriver (à)	ankommen, eintreffen; sich ereignen
je suis arrivé à le faire	*es ist mir gelungen*
qu'est-ce qui est arrivé?	*was ist passiert/geschehen?*
l'art m	Kunst, Geschicklichkeit
l'article m	Artikel, Gegenstand, Ware
l'aspect [aspɛ] m	Anblick, Aussehen; Gesichtspunkt
asseoir [aswa:r]	nieder-, hinsetzen *(Lebewesen)*
être assis, e	*sitzen*
s'asseoir	*sich setzen*
assez (de)	genug; ziemlich
l'assiette f	Teller
assister qn/à qc	jdm beistehen/einer Sache beiwohnen
associer	vereinigen, verbinden
s'associer (à)	*sich anschließen (an)*
assurer	versichern, bestätigen
l'atelier m	Werkstatt, Atelier, Fabrik
attacher (à)	anbinden/befestigen (an)
s'attacher à qn	*jdn liebgewinnen*
attaquer	angreifen, in Angriff nehmen
s'attaquer (à)	*sich heranwagen (an)*
atteindre qc	erreichen, gelangen zu
attendre	warten, erwarten
il se fait attendre	*er läßt (lange) auf sich warten*
s'attendre (à)	*gefaßt sein (auf), rechnen (mit)*
l'attention f	Aufmerksamkeit; Achtung!
faire attention à qc	*auf etw achtgeben*
attirer	anziehen, anlocken
l'attitude f	Haltung, Verhalten
aucun, e (ne vor Verb)	keiner, nicht ein einziger
aucun des deux	*keiner von beiden*
sans aucun doute	*ohne Zweifel*

au-dessous adv	unten, darunter
au-dessous de prp	*unter, unterhalb*
au-dessus adv	oben, darauf, darüber
au-dessus de prp	*über, oberhalb*
augmenter (de) [ogmɑ̃te, ɔgmɑ̃te]	erhöhen, vermehren (um)
aujourd'hui	heute
auprès (de)	bei, nahe bei, neben
aussi	auch, ebenfalls; daher
aussitôt	sofort, sogleich
aussitôt que [gleich)	*sobald (als)*
autant (de; que (beim Ver-	ebenso(viel), ebensosehr (wie)
autant que (beim Verb)	*ebenso(sehr) . . . wie*
d'autant plus (que)	*um so mehr (als)*
l'auteur m	Schriftsteller, Verfasser
(l'auto)bus m	Autobus, Omnibus
(l'auto)car m	Reisebus
l'automne [otɔn] m	Herbst
en automne	*im Herbst*
l'auto(mobile) f	Auto
l'autorité f	Autorität, Macht; *pl* Behörde
autour	ringsumher, -herum
autour de	*um . . . herum*
autre	anderer, sonstiger, weiterer
autre chose	*etwas anderes*
autre part	*anderswo*
nous autres Français	*wir Franzosen*
rien d'autre	*nichts anderes*
autrefois	früher, einst
autrement	anders; sonst
l'avance f	Vormarsch, -sprung, -schuß
d'avance	*im voraus*
arriver en avance	*zu früh kommen*
avancer	vorrücken, -schießen *(Geld)*
s'avancer	*näherkommen, sich nähern*
avant prp/adv	vor *(zeitlich)*/vorher, früher
viens avant trois heures	*komm vor 3 Uhr!*
quelques jours avant	*einige Tage vorher*
avant de + inf	*bevor, vor*
avant que + subj	*bevor*
en avant!	*vorwärts! los!*
avant tout	*vor allem, zuallererst*
l'avantage m	Vorteil, Vorzug, Nutzen
avec	mit

l'avenir m	Zukunft
l'aventure f	Abenteuer, Erlebnis
avertir (de)	warnen (vor), benachrichtigen (von)
aveugle m/f (adj)	der/die Blinde (blind)
l'avion m	Flugzeug
prendre l'avion	*fliegen (das Flugzeug nehmen)*
monter en avion	*fliegen (ein Flugzeug besteigen)*
par avion	*per/mit Luftpost*
l'avis m	Meinung, Ansicht
à mon avis	*meiner Meinung nach*
je suis de votre avis	*ich bin Ihrer Meinung*
aviser (de qc)	ankündigen, benachrichtigen
s'aviser de qc	*sich etw einfallen lassen*
avoir	haben, besitzen; bekommen
avoir à faire qc	*etw zu tun haben/tun müssen*
il a vingt ans	*er ist 20 Jahre alt*
je ne sais pas ce qu'il a	*ich weiß nicht, was mit ihm los ist*
il y a	*es gibt/ist/sind*
qu'est-ce qu'il y a?	*was gibt es? was ist los?*
il y a un an, . . .	*vor einem Jahr . . .*
il y a un an qu'il est ici	*seit einem Jahr ist er hier*
avouer	(ein)gestehen, anerkennen
avril m	April

B

la baguette	Stab, Zeigestock
le bain	Bad
prendre un bain de soleil	*ein Sonnenbad nehmen*
baisser (avoir)	senken; sinken *(Preise)*
baisser les yeux	*die Augen niederschlagen*
le balai	Besen
balayer	fegen, auskehren
le banc	Bank *(Sitz)*
la bande	Band, Streifen; Bande
la barbe	Bart
le bas	unterer Teil; Strumpf
mettre/ôter, enlever ses bas	*seine Strümpfe an-/ausziehen*
bas, se	niedrig, tief; leise *(Stimme)*
à voix basse	*leise, mit leiser Stimme*
parler bas inv	*leise sprechen*
en bas	*unten*
là-bas	*da unten, dort*

la bataille	Schlacht, Kampf
le bateau (-x)	Schiff, Dampfer, Boot
prendre le bateau	*mit dem Schiff fahren*
le bâton	Stock, Stab, Zeigestock
battre	schlagen, besiegen
se battre	*kämpfen, sich schlagen/prügeln*
beau, bel, belle (beaux, belles)	schön, hübsch, stattlich
avoir beau faire qc	*vergeblich etw tun*
il avait beau appeler	*er konnte noch so sehr rufen*
beaucoup (de)	viel; sehr
merci beaucoup	*danke sehr*
cela me plaît beaucoup	*das gefällt mir sehr*
la beauté	Schönheit
le bébé	Kleinkind, Baby
le bec [bɛk]	Schnabel
la besogne	Arbeit, Werk
le besoin	Bedarf, Not, Bedürfnis
avoir besoin de qc/qn	*etw/jdn nötig haben, brauchen*
la bête/adj	Tier, Vieh; Dummkopf/dumm
le beurre	Butter
la bicyclette	Fahrrad, Zweirad
aller/monter à bicyclette	*mit dem Fahrrad fahren/radfahren*
bien adv	gut, sehr, wohl, recht
je vais bien	*mir geht es gut*
il est bien grand	*er ist recht groß*
bien de + art	*sehr viel(e)*
bien des fois/de la peine	*sehr viele Male/sehr viel Mühe*
bien que + subj	*obwohl, obgleich*
aussi bien que	*sowie, ebenso wie*
eh bien!/?	*nun!/? na!/?*
bientôt	bald
le billet	(Geld-)Schein, Banknote
prendre un billet	*eine Fahr-, Eintrittskarte lösen*
bizarre	merkwürdig, seltsam, sonderbar
blanc, blanche	weiß; sauber, rein
le blé	Getreide, Korn, Weizen
blesser	verletzen, verwunden, kränken
bleu (-s), e	blau
bleu clair/foncé inv	*hell-/dunkelblau*
blond, e	blond, hell
la blouse	Bluse, Kittel
le bœuf (-s) [bœf, *pl* bø]	Ochse; Rind; Rindfleisch
boire	trinken; saufen *(Tier)*
boire dans un verre/dans une tasse	*aus einem Glas/einer Tasse trinken*

le bois	Holz; Wald
du bois de chauffage/à brûler	*Brennholz*
la boîte	Schachtel, Büchse; Briefkasten
la boîte aux lettres	*Briefkasten*
bon, bonne	gut; freundlich
à quoi bon?	*wozu?*
souhaiter la bonne année	*ein gutes neues Jahr wünschen*
il n'est plus bon à rien	*er ist zu nichts mehr zu gebrauchen*
le bonheur	Glück
porter bonheur à qn	*jdm Glück bringen*
bonjour interj	guten Tag! guten Morgen!
le bord	Rand; Ufer, Küste; Bord
monter à bord	*an Bord gehen*
au bord de la mer	*am Meer*
borner	begrenzen, beschränken
se borner à	*sich beschränken auf/begnügen mit*
la bouche	Mund; Maul *(Tier)*
le boucher/la bouchère	Fleischer, Metzger/Fleischers-, Metzgersfrau
boucher	verstopfen, -korken, zumachen
bouillir itr	kochen
l'eau bout	*das Wasser kocht*
faire bouillir le lait	*die Milch kochen*
le boulanger/la boulangère	Bäcker/in, Bäckersfrau
la boulangerie	Bäckerei
bourgeois, e	bürgerlich
le bourgeois	Bürger
le bout	Ende; Ablauf; Stück(chen)
au bout de la rue/d'une heure	*am Ende der Straße/nach einer Stunde*
un bout de chemin	*ein Stück Wegs*
la bouteille	Flasche
le bouton	Knopf; Schalter; Knospe
tourner le bouton	*einschalten, das Licht anknipsen*
la branche	Zweig, Ast; Branche
le bras	Arm
brave	tapfer; rechtschaffen
un homme brave	*ein tapferer/mutiger Mann*
un brave homme	*ein biederer/anständiger Kerl*
brillant, e	glänzend, strahlend, prächtig
la brique	Ziegel-, Backstein
briser	zerbrechen, -schlagen, -stören
se briser	*zerbrechen* itr
la brosse	Bürste, grober Pinsel
la brosse à dents	*Zahnbürste*

le brouillard	Nebel
il fait du brouillard	*es ist neblig*
le bruit	Lärm, Geräusch; Gerücht
brûler	(ver)brennen; entflammt sein
brusquement	plötzlich, unerwartet, brüsk
le bureau (-x)	Büro; Arbeitszimmer; Schreibtisch
le bureau de poste	*Postamt*
le chef de bureau	*Bürovorsteher*
les heures de bureau	*Bürostunden, Geschäftszeit*
le but [by(t)]	Zweck, Ziel, Absicht; Tor *(Fußball)*

C

ça *fam* = cela	
le cabinet	kleiner Raum; Kabinett; Toilette
le cabinet de toilette	*Wasch-, Ankleideraum*
le cabinet de travail	*Arbeits-, Studierzimmer*
cacher	verstecken, verbergen
le café	Kaffee; Café
prendre/boire du café	*Kaffee trinken*
du café au lait	*Milchkaffee*
le calme	Ruhe, Stille
calme	ruhig, still
calmer	beruhigen, besänftigen
le vent se calme	*der Wind legt sich*
le/la camarade	Kamerad/in, Freund/in
un camarade de classe/de jeu	*ein Schul-/Spielkamerad, -freund*
le camion	Lastwagen, Lkw
la campagne	Land; Feldzug
le caoutchouc [kautʃu]	Kautschuk; Gummi
capable (de)	imstande; fähig, tüchtig
le capitaine	Kapitän; Hauptmann
car	denn
le caractère	Charakter; Type, Buchstabe
la carte	(Land-, Speise-, Spiel-)Karte
le cas	Fall
en tout cas	*auf jeden Fall*
au cas où + cond	*falls*
casser	zerbrechen, zerschlagen
se casser	*zerbrechen* itr
se casser la tête	*sich den Kopf zerbrechen*
la casserole	Kochtopf, Tiegel
la cause	Grund, Ursache, Anlaß; Rechtsfall

à cause de	*wegen*
à cause de moi/de lui	*meinet-/seinetwegen*
causer (qc/avec qn)	etw verursachen/mit jdm plaudern
la cave	Keller
ce, cet, cette (ces)	diese(r, s); es; das
c'est/ce sont	*es ist/es sind*
ce qui/ce que	*das, was/was* (Nom./Akk.)
ce matin/soir/cet après-midi	*heute morgen/abend/nachmittag*
ceci prn	dies(es); das
céder	nachgeben, weichen; überlassen
la ceinture	Gürtel
mettre sa ceinture	*den Gürtel an-/umlegen*
cela prn	das
celui, celle (ceux, celles) prn	der-, die-, dasjenige (diejenigen)
celui qui	*derjenige, welcher; wer*
celui-ci/celui-là	*dieser/jener*
cent	hundert
la centaine	Hundert
une centaine de (livres)	*etwa hundert (Bücher)*
des centaines de personnes	*Hunderte von Menschen*
le centime	Centime (*$^1/_{100}$ Franc)*
central (-aux), e	zentral; Zentral-
le centre	Zentrum, Mittelpunkt, Mitte
un centre de commerce	*ein Laden-, Handelszentrum*
cependant	doch, jedoch
le cercle	Kreis, Verein, Klub, Zirkel
faire cercle autour de qn	*um jdn einen Kreis bilden*
certain, e	gewiß, sicher
certaines nouvelles	*gewisse/einige Nachrichten*
des nouvelles certaines	*sichere Nachrichten*
certainement	sicherlich
certes lit	sicher, gewiß
cesser (qc, de + inf)	aufhören, einstellen, beendigen
il ne cesse (pas) de pleuvoir	*es regnet unaufhörlich*
chacun/chacune subst	jeder/jede
le chagrin	Kummer, Verdruß, Leid
avoir du chagrin	*Kummer haben*
la chaise	Stuhl
la chaleur	Wärme; Hitze
la chambre	Zimmer, *bes.* Schlafzimmer
la chambre à coucher	*Schlafzimmer*
le champ	Feld, Acker
la chance	Glück, Zufall, Chance
avoir de la chance	*Glück haben*

le changement	(Ver-)Änderung, Wechsel
changer	(sich ver)ändern, wechseln
changer de chemise/de couleur/de train/de vitesse/ de vêtements	*ein frisches Hemd anziehen/sich verfärben/umsteigen/schalten/sich umziehen*
changer de l'argent	*Geld wechseln/umtauschen*
cela ne change rien à l'affaire	*das ändert nichts an der Sache*
il n'a pas changé	*er hat sich nicht verändert*
la chanson	Lied
la chanson populaire	*Volkslied*
le chant	Gesang, Singen; Lied
chanter	(be)singen; zwitschern; krähen
chanter faux/juste inv	*falsch/richtig singen*
le chapeau (-x)	Hut
chaque adj	jeder, jede, jedes
chaque fois	*jedesmal*
le charbon	Kohle
la charge	Last, Ladung; Belastung; Amt
charger (de)	be-, aufladen, belasten (mit)
charger qn (de)	*jdn beauftragen (mit)*
se charger de qc	*etw übernehmen*
charmant, e	reizend, anmutig, bezaubernd
le charme	Reiz, Anmut, Charme, Zauber
la charrue	Pflug
la chasse	Jagd, Verfolgung
chasser	(ver-, hinaus)jagen, verfolgen
le chat/la chatte	Katze; Kater/weibliche Katze
le château (-x)	Schloß, Kastell
le château fort	*Burg*
chaud, e	warm; heiß; hitzig, lebhaft
j'ai chaud	*mir ist warm*
le chauffage	Heizung
le chauffage central/au charbon/au mazout [mazut]	*Zentral-/Kohle-/Ölheizung*
chauffer	heizen, warm machen/werden
le chauffeur	Heizer; Chauffeur
la chaussette	Socke, Strumpf
la chaussure	Schuh; Schuhwerk
le chef [ʃɛf]	Leiter, Führer, Chef, Vorsteher
le chef d'État/de gare	*Staatsoberhaupt/Bahnhofsvorsteher*
le chef-d'œuvre [ʃɛdœ:vr]	Meisterwerk
le chemin	Weg; Straße
le chemin de la gare	*der Weg zum Bahnhof*
le chemin de fer	*Eisenbahn*

la cheminée	Schornstein, Kamin
la chemise	Hemd
la chemise de jour/de nuit	*Ober-/Nachthemd*
cher [ʃɛ:r], **chère**	lieb; teuer
coûter/acheter/payer/ vendre cher inv	*teuer sein (viel kosten)/teuer kaufen/ bezahlen/verkaufen*
chercher	(ver)suchen, streben (nach)
aller/venir chercher	*holen/abholen*
envoyer chercher (qn, qc)	*holen lassen, schicken (nach)*
il cherche à me tromper	*er versucht, mich zu betrügen*
le cheval (-aux)	Pferd
à cheval	*zu Pferd, rittlings*
monter à cheval	*reiten, aufs Pferd steigen*
le cheveu (-x)	Haar
se faire couper les cheveux	*sich das Haar schneiden lassen*
avoir les cheveux noirs	*schwarzes Haar haben*
la chèvre	Ziege
chez	bei, zu *(Personen)*
je suis chez moi	*ich bin (bei mir) zu Hause*
il est/va chez le médecin	*er ist beim/geht zum Arzt*
le chien/la chienne	Hund/Hündin
le chiffon	Lappen, Flicken, Lumpen
le chiffre	Ziffer, (Gesamt-)Zahl, Summe
le chocolat	Schokolade
choisir	(aus)wählen, seine Wahl treffen
le choix	Wahl, Auswahl
faire son choix	*seine Wahl treffen*
la chose	Ding, Sache, Tatsache
quelque chose (de bon)	*etwas (Gutes)*
(c'est) la même chose	*(das ist) dasselbe*
la chute	Fall, Sturz, Absturz
faire une chute	*fallen, stürzen, abstürzen*
(-ci)	(hier; dieser)
ce livre-ci	*dieses Buch*
le ciel (ciels/cieux)	Himmel
la cigarette	Zigarette
le cimetière [simtjɛ:r]	Friedhof
le cinéma	Kino, Lichtspieltheater
cinq [sɛ̃(:k)]	fünf
le/la cinquième	*der/die fünfte*
cinquante	fünfzig
le/la cinquantième	*der/die fünfzigste*
la circonstance	Umstand, Lage, Gelegenheit
dans ces circonstances	*unter diesen Umständen*

les ciseaux m	Schere
la cité	Stadt, Innenstadt, City
clair, e	klar, hell; deutlich
y voir clair inv	*klar sehen*
la classe	Klasse(nzimmer); Jahrgang
un livre de classe	*ein Schulbuch*
pendant la classe	*während des Unterrichts*
de première classe	*erster Klasse, erstklassig*
la clé, clef [kle]	Schlüssel
fermer à clef	*(mit dem Schlüssel) zuschließen*
le client [kli(j)ã]	Kunde, Klient, Patient, Gast
le clou	Nagel; Höhepunkt *fam*
enfoncer un clou	*einen Nagel einschlagen*
le cochon	Schwein; Schweinefleisch
le cœur	Herz; Mut
le cœur bat	*das Herz schlägt*
par cœur	*auswendig*
de bon cœur	*gern, herzlich gern*
sans cœur	*herzlos*
j'ai mal au cœur	*mir ist übel*
le coiffeur/la coiffeuse	Friseur/Friseuse
le coin	Ecke, Winkel
au coin de la rue	*an der (Straßen-)Ecke*
tourner le coin	*um die Ecke gehen/fahren*
la colère	Wut, Zorn, Ärger
être en colère (contre qn)	*wütend sein (auf jdn)*
se mettre en colère	*wütend/zornig werden*
combattre	(be)kämpfen
combattre qn/qc	*mit jdm/etw kämpfen*
combattre contre qc	*gegen etw (an)kämpfen*
combien (de)	wieviel
combien de fois?	*wie viele Male, wie oft?*
commander	befehl(ig)en, anordnen
commandez un café	*bestellen Sie einen Kaffee!*
comme adv/conj	(so) wie/gerade als; da, weil
il parle comme son père	*er spricht wie sein Vater*
comme il est grand !	*wie groß er ist!*
comme je partais ...	*gerade als ich gehen wollte ...*
comme il pleut, je reste ici	*da/weil es regnet, bleibe ich hier*
comme ça	*so, derartig, auf diese Weise*
le commencement	Anfang, Beginn
au commencement (de)	*im/am Anfang, anfangs*
commencer (à/de faire) qc	beginnen, anfangen
commencer par	*anfangen mit*

comment!/?	wie!/?
comment allez-vous?	*wie geht es Ihnen?*
le commerce	Handel
commettre	begehen *(Verbrechen, Irrtum)*
commun, e	gemeinsam; üblich
communiquer qc à qn	jdm etw mitteilen
la compagnie	Gesellschaft; Begleitung
en compagnie de	*in Begleitung* + Gen.
le compagnon	Begleiter, Gefährte, Kamerad
comparer (avec/à)	vergleichen/gleichsetzen (mit)
complet, -ète	vollständig; besetzt *(Fahrzeug, Raum)*
complètement	völlig, ganz, vollständig
composer (de)	zusammensetzen, bilden (aus)
comprendre	begreifen, verstehen; umfassen
service compris?	*einschließlich Bedienung?*
le compte [kõ:t]	Rechnung, Abrechnung; Konto
se rendre compte de	*etw bemerken; sich klarwerden über*
le compte rendu	*Bericht; Nacherzählung*
tenir compte de qc	*etw berücksichtigen*
compter [kõte]	zählen, rechnen; vorhaben
compter sur	*rechnen mit, sich verlassen auf*
compter faire qc	*etw zu tun gedenken*
concevoir	begreifen, ausdenken; auffassen
conclure (de)	schließen, folgern (aus)
conclure un traité	*einen Vertrag (ab)schließen*
condamner (à) [kõdane]	verurteilen (zu)
la condition	Bedingung; Lage, Zustand
conduire	führen; fahren, steuern; lenken
se conduire	*sich benehmen*
la confiance	Vertrauen, Zutrauen
avoir confiance (en/dans + art)	*Vertrauen haben (zu)*
confier qc à qn	jdm etw anvertrauen/übertragen
confondre (avec)	verwirren, verwechseln (mit)
confus, e	(ver)wirr(t), beschämt; unklar
la connaissance (en)	Kenntnis (in); Bewußtsein
faire la connaissance de qn	*jdn kennenlernen*
sans connaissance	*bewußtlos*
une de mes connaissances	*ein(e) Bekannte(r) von mir*
connaître	kennen; wissen
s'y connaître en qc	*sich in etw auskennen*
consacrer (à)	widmen, verwenden (auf)
la conscience	Bewußtsein; Gewissen
la liberté de conscience	*Gewissensfreiheit*
avoir la conscience tranquille	*ein ruhiges Gewissen haben*

le conseil [-ɛj]	Rat, Ratschlag
demander conseil à qn	*jdn um Rat fragen*
le conseiller	Rat, Ratgeber, Berater
conseiller (de faire qc)	(be)raten, einen Rat geben
consentir (à qc)	einwilligen, zustimmen
la conséquence	Konsequenz, Folge
avoir pour conséquence	*zur Folge haben*
par conséquent	infolgedessen, folglich
conserver	aufbewahren, erhalten
considérable	beträchtlich, beachtlich
considérer (comme)	betrachten, ansehen (als)
consoler	trösten
constater	konstatieren, feststellen
constituer	bilden, darstellen, schaffen
construire	bauen, errichten
contenir	enthalten, in sich schließen
se contenir	*sich beherrschen, sich zügeln*
content, e (de)	zufrieden (mit); froh (über)
contenter	zufriedenstellen
se contenter (de)	*sich begnügen (mit)*
continuer (à/de faire) qc	fortsetzen, fortfahren
contraire	entgegengesetzt; gegensätzlich
au contraire	*im Gegenteil*
en sens contraire	*in entgegengesetzter Richtung*
contre	gegen, wider
convaincre (qn de qc)	überzeugen; überführen
convenir (avoir/*meist* être) **(de)**	passen, entsprechen, zusagen/abmachen, vereinbaren
la conversation	Unterhaltung, Gespräch
le coq [kɔk]	Hahn
la corde	Seil, Strick; Saite
le cordonnier	Schuhmacher, Schuster
la corne	Horn *(Tier/Material)*
le corps [kɔ:r]	Körper; Korps
le costume	Kleidung, Anzug; Kostüm
la côte	Rippe; Abhang; Küste
le côté	Seite, Richtung
à/de côté	*nebenan/beiseite, quer*
à côté de	*neben, nahe bei*
de l'autre côté (de)	*auf die/der andere/n Seite*
de chaque côté	*auf beiden Seiten*
du côté de	*in Richtung auf, nach ... hin*
de mon côté	*meinerseits, auf meine(r) Seite*
d'un côté .. d'un autre côté	*einerseits ... andererseits*

D

la dame	Dame
le danger	Gefahr
danger de mort	*Lebensgefahr!*
dangereux, -euse	gefährlich
dans	in, innerhalb; auf
dans la rue / la cour	*auf der Straße/dem Hof*
dans huit jours	*in* (nach Ablauf von) *acht Tagen*
dans les trois jours	*innerhalb von/binnen drei Tagen*
la danse	Tanz
danser	tanzen
davantage	mehr
je voudrais bien faire davantage pour vous	*ich möchte gern mehr für Sie tun*
de (du, de l', de la, des)	von/Gen., von ... an, von ... her, vor, für, mit, nach, aus
de temps en temps	*von Zeit zu Zeit*
plus jeune de trois ans	*um 3 Jahre jünger*
la ville de (Paris)	*die Stadt (Paris)*
le mois de (novembre)	*der Monat (November)*
le nom de (Charles)	*der Name (Karl)*
débarrasser	freimachen, weg-, abräumen
se débarrasser de	*sich befreien von, loswerden*
debout inv	stehend, aufrecht
être debout	*stehen; auf sein* (nicht im Bett)
se tenir debout	*stehen, sich aufrecht halten*
débrouiller	entwirren, aufklären
se débrouiller	*sich zu helfen wissen*
le début	Anfang, Beginn; *pl* erstes Auftreten [*theat*
au début de	*am/im Anfang, zu Beginn*
dès le début	*von Anfang an*
décembre m	Dezember
décharger	ab-, aus-, entladen, entlasten
se décharger de	*sich freimachen von*
déchirer	zerreißen
se déchirer	*reißen*
décider (de faire) qc	entscheiden, beschließen
se décider à faire qc	*sich entschließen zu*
être décidé à faire qc	*entschlossen sein zu*
la décision	Entscheidung; Ent-, Beschluß
déclarer	erklären, angeben *(Wert)*
se déclarer	*ausbrechen* (Feuer, Krankheit)
avez-vous qc à déclarer?	*haben Sie etw zu verzollen?*

décorer (de)	schmücken, auszeichnen (mit)
découvrir	entdecken, herausfinden
dedans	innen, drinnen; hinein
là-dedans	*da drin(nen)*
le défaut	Fehler *(den man hat)*, Mangel
à défaut de	*mangels*
défendre (de faire) qc	verteidigen; verbieten
dégager	los-, freimachen, befreien, lockern
se dégager (de)	*sich los-, freimachen (von); ausströmen* (Geruch)
le degré	Grad, Stufe, Abstufung
il fait 20 degrés (20°)	*es sind 20 Grad (20°)*
dehors	draußen; hinaus
au dehors	*draußen, nach außen*
en dehors de	*außerhalb* + Gen.
déjà	schon, bereits
le déjeuner	Mittagessen
le petit déjeuner	*Frühstück*
déjeuner	zu Mittag essen; frühstücken
au-delà de	jenseits, über . . . hinaus
délicat, e	zart, feinfühlend, fein
un enfant délicat	*ein zartes/schwächliches Kind*
une question délicate	*eine heikle/schwierige Frage*
un repas délicat	*ein köstliches/leckeres Mahl*
une personne délicate	*ein taktvoller Mensch*
demain	morgen
demain matin/soir	*morgen früh/abend*
demander (qc à qn)	fragen (nach); bitten (um)
je lui demande de venir	*ich bitte ihn zu kommen*
il lui demande pardon	*er bittet ihn um Verzeihung*
demander qn	*nach jdm fragen*
je me demande (si)	*ich frage mich (ob)*
la demeure	Wohnung, Aufenthaltsort
demeurer (être/avoir)	bleiben/wohnen
demi, e	halb
une demi-heure	*eine halbe Stunde*
une heure et demie	*anderthalb Stunden*
le demi	das Halbe; der halbe Liter *(Bier)*
à demi	*halb, zur Hälfte*
démolir	abreißen, abbrechen *(Haus)*; zerstören
la dent	Zahn; Zacken
le départ	Aufbruch, Abreise, Start
dépasser	überholen, -steigen, -ragen

la dépense	Ausgabe, Verbrauch; *pl* Kosten
dépenser	ausgeben, verbrauchen
déposer	hin-, nieder-, weglegen, absetzen
depuis prp/adv	seit, von ... an/seitdem
depuis hier/longtemps	*seit gestern/langem*
depuis que conj	*seitdem*
déranger	stören, in Unordnung bringen
dernier, -ière	letzter; vergangener
le dernier rang	*letzte/hinterste Reihe*
dimanche dernier	*letzten/vorigen Sonntag*
dérober	rauben, stehlen
derrière prp/adv	hinter/hinten, dahinter
le derrière	Hinterteil, Rückseite, Hintern
dès	von ... an, seit; schon
dès que	*sobald (als)*
descendre (*itr* être/*tr* avoir)	her-, hinuntergehen, -fahren, aus-, absteigen/her-, hinuntertragen
quand es-tu descendu?	*wann bist du heruntergekommen?*
as-tu descendu la valise?	*hast du den Koffer heruntergetragen?*
le désert	Wüste
déshabiller	ausziehen, auskleiden
désigner	bezeichnen, hinweisen, bestimmen
le désir	Wunsch, Verlangen
désirer (faire) qc	wünschen, begehren
désormais	in Zukunft, von jetzt an
le dessin	Zeichnung, Muster, Entwurf
dessiner	zeichnen, entwerfen
dessous adv	unten, darunter
au-dessous adv	*darunter*
au-dessous de prp	*unter, unterhalb*
dessus adv	oben, darauf, darüber
au-dessus adv	*darauf, darüber*
au-dessus de prp	*über, oberhalb*
la destinée	Schicksal, Bestimmung, Los
détacher	los-, abmachen, lösen
le détail	Einzelheit, Kleinigkeit
détourner	abwenden, -bringen, umleiten
détruire **[deux**	zerstören, vernichten
deux/les deux/tous (les)	zwei/beide/alle beide
le/la deuxième	*der/die zweite*
devant adv/prp	vorn, voran, voraus/vor, angesichts
devant la maison	*vor dem Hause* (örtl.)
(aber: *avant les vacances*)	*(vor den Ferien,* zeitl.*)*
mettez-vous devant	*stellen Sie sich vor (mich)!*

le devant	Vorderteil, -seite, -grund
développer	entwickeln, -falten, erörtern
devenir	werden
que devient-il?	*was macht er/treibt er?*
deviner	(er)raten, vorhersehen, ahnen
devoir	schulden; verdanken; sollen; müssen
je lui dois d'être ici	*ich verdanke es ihm, daß ich hier bin*
il doit partir	*er muß/soll abreisen*
le devoir	Pflicht; *(schriftl.)* Schularbeit
le diable	Teufel
le dieu (-x)/Dieu	Gott, Götze/*(alleiniger)* Gott
le Bon Dieu	*der liebe Gott*
la différence	Unterschied, Differenz
différent, e	verschieden, unterschiedlich
différentes questions	*verschiedene/mehrere Fragen*
des questions différentes	*verschiedene/unterschiedliche Fragen*
difficile	schwer, schwierig
la difficulté	Schwierigkeit, Mühe
digne (de)	wert; würdig, würdevoll
dimanche/le dimanche	Sonntag/sonntags
diminuer (de)	(sich) verringern, nachlassen (um)
le dîner	Abendessen, Diner
dîner	zu Abend essen, speisen
dire	sagen, sprechen, erzählen
à vrai dire	*eigentlich, offen gestanden*
pour ainsi dire	*sozusagen, gewissermaßen*
c'est-à-dire (c.-à-d.)	*das heißt (d. h.)*
vouloir dire	*bedeuten, meinen*
vous dites?	*wie bitte?*
le directeur/la directrice	Direktor/in, Chef/in, Leiter/in
la direction	Richtung; Leitung, Führung
en/dans la direction de	*in Richtung (auf, nach)*
diriger	lenken, leiten, führen
se diriger (vers)	*sich richten/zugehen (auf)*
le discours	Rede, Ansprache
faire/prononcer un discours	*eine Rede/Ansprache halten*
la discussion	Diskussion; Auseinandersetzung
discuter (qc avec qn)	erörtern, besprechen
discuter de/sur	*über etw diskutieren*
disparaître (avoir/être)	verschwinden *(Handlung/Zustand)*
disposer (de)	anordnen; verfügen (über)
la disposition	Anordnung, Verfügung; Neigung
disputer (fam **se disputer**)	streiten, sich zanken
disputer qc à qn	*jdm etw streitig machen*

le disque	Scheibe, Diskus; Schallplatte
la distance	Entfernung, Abstand, Strecke
à trois mètres de distance	*in drei Meter Entfernung*
distinguer	unterscheiden, (deutl.) erkennen
divers, e [divɛ:r, s]	verschieden(artig/e), manche
divers livres	*verschiedene (mehrere) Bücher*
des livres divers	*verschiedene (unterschiedliche) Bücher*
dix [dis, di, diz]	zehn
le / la dixième [dizjɛm]	*der/die zehnte*
la dizaine (de)	etwa zehn/der Zehner
le docteur	Arzt, Doktor
le doigt [dwa]	Finger; Zehe
le domaine	Gebiet, Fach; Landgut
le/la domestique	Hausangestellte/r, Dienstbote/-mädchen
domestique adj	häuslich, zahm, Haus-
dominer	beherrschen, hervor-, überragen
donc [dõ(:k)]	daher, folglich, also; doch
donner	geben, schenken; verbinden
donnez-lui à manger	*geben Sie ihm zu essen*
dont prn	dessen, deren, von dem/der/denen
l'enfant dont le père est malade...	*das Kind, dessen Vater krank ist...*
la jeune fille dont j'ai vu la mère ...	*das Mädchen, dessen Mutter ich gesehen habe ...*
dormir	schlafen
le dos	Rücken, Rückseite
double	doppelt, zweifach
doucement	sacht, sanft, leise
doucement!	*sachte! langsam!*
la douceur	Sanftheit, Zartheit
la douleur	Schmerz, Leid
le doute	Zweifel, Verdacht
sans doute	*wahrscheinlich, vielleicht*
sans aucun doute	*zweifellos, ganz bestimmt*
douter (de)	(be)zweifeln (an), mißtrauen
je doute qu'il parte	*ich bezweifle, daß er weggeht*
je ne doute pas qu'il parte/ qu'il partira	*ich bin sicher, daß er weggeht*
se douter de qc	*etw ahnen, vermuten*
doux, douce	süß, sanft, milde, angenehm
douze	zwölf
le/la douzième	*der/die zwölfte*

le drap [dra]	Tuch
le drap de lit	*Bettuch, Laken*
le drapeau (-x)	Fahne, Flagge
dresser	aufstellen, errichten
dresser une liste	*eine Liste aufstellen*
dresser un chien	*einen Hund dressieren*
droit, e	rechte(r, s); gerade, aufrecht
le droit	Recht; Jura; Gebühr, Zoll
avoir le droit de faire qc	*das Recht haben, etw zu tun*
la droite	rechte Seite/Hand; Gerade
à droite (de)	*rechts (von), nach rechts*
drôle	spaßig, witzig, komisch
dur, e	hart, fest; streng; gefühllos
travailler dur inv	*hart/schwer arbeiten*
avoir le cœur dur	*hartherzig sein*
durant	während
la durée	Dauer
durer	dauern, andauern, währen

E

l'eau (-x) f	Wasser
écarter	entfernen, beseitigen
échanger (contre)	austauschen, wechseln (gegen)
échanger des timbres	*Briefmarken tauschen*
échanger des lettres	*Briefe wechseln*
échapper (avoir)	entweichen, -kommen, -gleiten
il a échappé au danger	*er ist der Gefahr entronnen*
cela lui a échappé	*das ist ihm entgangen*
s'échapper (de)	*entfliehen, entweichen (aus)*
l'échelle f	Leiter; Skala, Maßstab
ne monte pas à l'échelle	*steige nicht auf die Leiter!*
l'éclair m	Blitz; kurzer Augenblick
éclairer	be-, erleuchten, aufklären
l'éclat m	Glanz; Splitter; Knall
éclater (avoir)	explodieren, knallen, (los)platzen *(Reifen);* ausbrechen
il éclate de rire	*er bricht in Lachen aus/lacht laut auf*
l'école f	Schule
écouter qn/qc	zuhören, hören auf; befolgen
écraser	zerdrücken, -treten, überfahren
s'écrier	ausrufen
écrire à qn/à, avec qc	an jdn/mit etw schreiben

l'éducation f	Erziehung, (Aus-)Bildung
effacer	auswischen, -löschen, -radieren
l'effet [efɛ] m	Wirkung, Ergebnis, Erfolg
en effet	*in der Tat; nämlich, denn*
s'efforcer (de)	sich anstrengen/bemühen (zu)
l'effort m	Anstrengung, Bemühung; Kraft
effrayer [efrɛje] **qn**	jdn erschrecken
égal (-aux), e	egal, gleich, gleichmäßig
également	auch, eben-, gleichfalls
l'égard m	Rücksicht; Hinsicht; Beziehung
à cet égard	*in dieser Hinsicht/Beziehung*
l'église f	Kirche
eh bien!/?	nun!/? na!/?
s'élancer (sur/vers)	sich stürzen, losstürzen (auf)
l'électricité f	Elektrizität
électrique	elektrisch
l'élément m	Element, Bestandteil; *pl* Grundlagen
l'élève m/f	Schüler/in
élever	errichten, -höhen, -ziehen
élever des chevaux	*Pferde züchten*
s'élever (à)	*sich erheben/belaufen (auf)*
elle/elles prn	sie *f sing/f pl*
éloigner	entfernen, beseitigen
embarrasser	(be)hindern, versperren, -wirren
embrasser	umarmen; küssen
emmener [ɑ̃mne] **qn**	jdn mitnehmen/wegführen, -bringen
l'émotion f	Aufregung, Erregung
s'emparer (de)	sich bemächtigen, erobern
empêcher qc/qn de faire qc	(ver)hindern, abhalten von
ne pouvoir s'empêcher de	*nicht umhin/nicht anders können als*
l'employé, e m/f	Angestellte(r), Beamter, Beamtin
employer	an-, verwenden; beschäftigen
emporter	wegtragen, -bringen
s'empresser (de faire qc)	sich beeilen, sich bemühen (zu)
en prp	in, nach, an, zu, aus, als
en France	*in/nach Frankreich*
en 1963/en janvier	*im Jahre 1963/im Januar*
en bois	*aus Holz*
en allemand	*auf deutsch; ins Deutsche*
en ami	*als Freund*
en adv/prn	davon, von dort, dessen, deren
il en parle	*er spricht davon*
il en a	*er hat welche*
il en a deux	*er hat (davon/deren) zwei*

enchanter	be-, verzaubern, entzücken
encore	(immer) noch, außerdem
pas encore	*noch nicht*
il en veut encore	*er will noch mehr (davon)*
endormir	einschläfern
s'endormir	*einschlafen*
l'endroit m	Ort, Platz, Stelle
l'énergie f	Energie, Tat-, Willenskraft
l'enfant m/f	Kind
enfermer	ein-, verschließen, einsperren
enfin	endlich, schließlich
enfoncer	einschlagen, -drücken, -sinken
s'enfoncer	*(ein-, ver)sinken, sich senken*
s'enfuir	entfliehen, -kommen; vergehen
engager (à)	verpflichten, auffordern (zu)
engager la conversation	*das Gespräch anknüpfen/beginnen*
engager qn	*jdn engagieren/einstellen*
enlever	weg-, abnehmen; ausziehen *(Kleidungsstück)*; entführen
enlever le couvert	*den Tisch abräumen*
l'ennemi [ɛnmi] m	Feind, Gegner
ennemi [ɛnmi]**, e**	feindlich, verfeindet
énorme	sehr groß, riesig, enorm
ensemble adv	bei-, zusammen, zugleich
l'ensemble m	das Ganze, Gesamtheit
ensuite	dann, darauf, danach
entendre	hören; verstehen
qu'entendez-vous par là?	*was meinen Sie damit?*
s'entendre avec qn	*sich mit jdm (gut) verstehen*
entendu	*abgemacht, geht in Ordnung!*
bien entendu	*natürlich, selbstverständlich*
enterrer	beerdigen, -statten; vergraben
l'enthousiasme [-asm] m	Begeisterung, Enthusiasmus
entier, -ière [ɑ̃tje, ɑ̃tjɛ:r]	ganz, vollständig, völlig
entourer (de)	umgeben, *fig* überhäufen (mit)
entraîner	fort-, mitreißen, nach sich ziehen
s'entraîner	*trainieren* (itr)
entre	zwischen, unter
entre nous/entre amis	*unter uns/unter Freunden*
entre autres	*unter anderem*
l'entrée f	Eingang,-marsch,-fahrt,-tritt(spreis)
entrer (dans)	eintreten, -fahren, -ziehen; betreten
entrer en gare	*einlaufen* (Zug)
l'enveloppe [ɑ̃vlɔp] f	Hülle, (Brief-)Umschlag

envelopper (dans/de)	einpacken, -schlagen (in)
l'envie f	Neid, Mißgunst; Lust
avoir envie de (chanter)	*Lust haben zu (singen)*
environ adv	etwa, ungefähr
les environs m	Umgebung, Umgegend
envoyer (par)	schicken, senden (mit)
envoyer chercher qn	*jdn holen lassen, nach jdm schicken*
épais, se	dick, dicht, tief *(Schnee)*
épais de 3 cm	*3 cm dick*
l'épaule [epo:l] f	Schulter, Achsel
l'épicerie [episri] f	Lebensmittelgeschäft
l'épicier m/**l'épicière** f	Lebensmittelhändler/in
l'épingle f	Stecknadel
l'époque f	(Zeit-)Abschnitt, -alter, Epoche
à l'époque de (Louis XIV)	*zur Zeit (Ludwigs XIV.)*
épouser qn	jdn heiraten
l'épreuve f	Probe; Wettkampf; Abzug, Foto
mettre à l'épreuve	*auf die Probe stellen, erproben*
les épreuves écrites	*schriftliche Prüfung(en)*
éprouver	erproben, prüfen
éprouver de la joie	*Freude empfinden*
l'erreur f	Irrtum, Versehen, Fehler
faire/commettre une erreur	*einen Irrtum begehen, sich irren*
par erreur	*aus Versehen, versehentlich*
l'escalier m	Treppe
dans l'escalier	*auf der Treppe*
monter/descendre un escalier	*eine Treppe hinauf-/hinuntergehen*
l'espace m	(Zeit-)Raum, Platz; Lücke
l'espèce f	Art, Sorte, Gattung
l'espèce humaine	*das Menschengeschlecht*
l'espérance f	Hoffnung, Erwartung *allg*
espérer (qc)	(er)hoffen, erwarten
l'espoir m	Hoffnung *(auf etw Bestimmtes)*
l'esprit m	Geist, Verstand, Witz
un homme d'esprit	*ein geistreicher Mann*
perdre l'esprit	*den Verstand verlieren*
essayer [-ɛje] **(de faire) qc**	versuchen, prüfen; anprobieren
l'essence f	Wesen; Benzin
essuyer	abwischen, -trocknen
essuyer des pertes	*Verluste erleiden*
l'est [ɛst] m	Osten
à l'est (de)	*östlich (von), im Osten* (Richtung)

estimer	schätzen, bewerten; meinen
et	und
et . . . et	*sowohl . . . als auch*
établir	festsetzen, -legen; beweisen
l'étage m	Stock(werk), Etage
une maison à deux étages	*ein zweistöckiges Haus*
au premier (étage)	*im ersten Stock*
l'état m	(Zu-)Stand, Lage, Stellung; Beruf
l'état de santé	*Gesundheitszustand*
l'État m	Staat
un homme d'État	*ein Staatsmann*
l'été m	Sommer
en été	*im Sommer*
éteindre	löschen, ausmachen *(Licht)*
éteignez (la lumière)	*machen Sie das Licht aus!*
étendre	ausstrecken, -breiten; aufstreichen
étendre du linge	*Wäsche aufhängen*
éternel, le	ewig
l'étoile f	Stern
étonner	verwundern, in Erstaunen setzen
s'étonner (de/que + subj*)*	*sich wundern, staunen (über)*
étouffer	ersticken, -würgen, dämpfen
étrange	merkwürdig, seltsam, sonderbar
étranger, -ère (à)	fremd, ausländisch; unbeteiligt (an)
l'étranger/-ère m/f	Ausländer/in, Fremder/Fremde
l'étranger m	Ausland
à l'étranger	*im/ins Ausland*
être	sein, sich befinden
le prix en est de 3 F	*der Preis beträgt 3 F*
être à faire/à plaindre	*zu tun/zu beklagen sein*
c'est à vous à/de jouer	*Sie sind dran zu spielen*
ce livre est à moi	*dieses Buch gehört mir*
où en êtes-vous?	*wie weit sind Sie?*
nous en sommes à la page trois	*wir sind auf Seite drei*
n'est-ce pas?	*nicht wahr?*
il est de Paris	*er ist/stammt/kommt aus Paris*
je suis à vous	*ich stehe Ihnen zur Verfügung*
soit! [swat]	*meinetwegen, einverstanden!*
étroit, e	eng, schmal, schlank; begrenzt
une amitié étroite	*eine enge/innige Freundschaft*
un esprit étroit	*ein engstirniger Mensch*
l'étude f	Studium; Forschung
il a commencé ses études	*er hat sein Studium begonnen*
étudier	studieren; untersuchen, forschen

eux m pl prn	sie
je m'adresse à eux	*ich wende mich an sie* m pl
éveiller	(auf)erwecken *(Wunsch/Gefühl)*
s'éveiller lit	*aufwachen, erwachen*
l'événement [evɛnmɑ̃] m	Ereignis, Begebenheit
évidemment [evidamɑ̃]	natürlich, selbstverständlich
éviter	vermeiden; aus dem Wege gehen
exactement [-gz-]	genau, pünktlich, sorgfältig
l'examen [ɛgzamɛ̃] m	Prüfung; Untersuchung, Erwägung
passer/subir un examen	*ein Examen machen*
examiner [ɛgzamine]	prüfen, untersuchen; erwägen
excellent, e	ausgezeichnet, hervorragend
exciter [-ks-] **(à)**	er-, aufregen, reizen (zu)
excuser	entschuldigen, verzeihen
s'excuser de qc (auprès de qn)	*sich (bei jdm) entschuldigen wegen/für*
exécuter [-gz-]	aus-, durchführen; hinrichten
l'exemple [-gz-] m	Beispiel; Vorbild, Muster
par exemple, p. ex.	*zum Beispiel, z. B.*
par exemple!	*nicht möglich! na, na!*
exercer	ausüben, betreiben; ausbilden
s'exercer (à)	*sich ausbilden, trainieren*
exiger	(er)fordern, verlangen
l'existence f	Dasein, Existenz, Vorhandensein
exister	existieren, da-/vorhanden sein
l'expérience f	Erfahrung; Versuch, Experiment
par expérience	*aus Erfahrung*
expliquer	erklären, auseinandersetzen
s'expliquer	*sich aussprechen/rechtfertigen*
exposer	darlegen; ausstellen; aussetzen
l'expression f	Ausdruck, Redensart
exprimer	ausdrücken, zum Ausdruck bringen
extérieur, e	äußerlich, äußerer
extraordinaire	außergewöhnlich, -ordentlich
extrême	äußerste/r, höchste/r

F

la face	Gesicht, Antlitz, Vorderseite
en face (de)	*gegenüber (von)*
facile	leicht
il est facile de trouver cette rue	*es ist leicht, diese Straße zu finden*
cette rue est facile à trouver	*diese Straße ist leicht zu finden*

la façon	Art u. Weise; *pl* Manieren; Umstände
de cette façon	*auf diese Weise*
de façon que + subj/ind	so/derart, daß *(Absicht/Tatsache)*
le facteur	Faktor; Briefträger
faible	schwach, unbedeutend, gering
le faible	Schwäche, schwache Seite
avoir un faible pour	*eine Schwäche haben für*
la faim	Hunger
*il a (très/*lit *grand-) faim*	*er hat (großen) Hunger*
je n'ai pas faim	*ich habe keinen Hunger*
faire	tun, machen; lassen, veranlassen; anfertigen; treiben *(Sportarten)*
il fait venir le médecin	*er läßt den Arzt kommen*
il fait un temps magnifique/beau/mauvais/chaud/froid/frais/lourd/sombre/jour/nuit	*es ist herrliches Wetter/schön/schlecht/warm/kalt/frisch/schwül/trübe/Tag/Nacht (hell/dunkel)*
il se fait tard	*es wird spät*
il ne fait que s'amuser	*er amüsiert sich nur*
comment se fait-il que (+ subj)*?*	*wie kommt es/ist es möglich, daß*
il se fait attendre	*er läßt (lange) auf sich warten*
le fait [fɛ(t)]	Sache; Tat; Tatsache; Ereignis
au fait [fɛt]	*übrigens; was ich sagen wollte*
falloir imp	nötig sein/haben; müssen; sollen
il faut travailler	*man muß arbeiten*
il ne nous faut rien	*uns fehlt/wir brauchen nichts*
il faut deux jours pour y aller	*man braucht zwei Tage, um dorthin zu fahren*
il faut que tu dises la vérité	*du mußt die Wahrheit sagen, es ist nötig, daß du die Wahrheit sagst*
fameux, -euse	berühmt, bekannt
la famille	Familie
la farine	Mehl
la fatigue	Müdigkeit, Ermüdung, Anstrengung
fatigué, e	müde, ermüdet, abgespannt
la faute	Fehler *(den man macht);* Mangel
faute de	*mangels*
ce n'est pas ma faute	*das ist nicht meine Schuld*
le fauteuil [-œj]	Sessel, Lehn-, Armstuhl
faux, fausse	falsch, unwahr; unecht
la faveur	Gunst, Vorzug; Beliebtheit
favorable	günstig, vorteilhaft
la femme [fam]	Frau, Ehefrau, Gattin
la femme de ménage	*Aufwartefrau, Raumpflegerin*
la fenêtre	Fenster

le fer [fɛ:r]	Eisen
le chemin de fer	*Eisenbahn*
la ferme	Bauernhaus, -hof
fermer	schließen, zumachen
la fête	Fest(tag), Feier-, Namenstag
le feu (-x)	Feuer, Brand; (Signal-)Licht
faire du feu	*Feuer machen/anzünden*
allumer le feu	*das Feuer anmachen/anzünden*
la feuille [fœj]	Blatt; Bogen, Formular
février m	Februar
la ficelle	Bindfaden, Kordel, Schnur
fidèle (à)	treu, zuverlässig *(a. Übersetzung)*
fier [fjɛ:r], **fière (de)**	stolz (auf); hochmütig
la fièvre [fjɛ:vr]	Fieber; Erregung
avoir la fièvre	*Fieber haben*
la figure	Gesicht; Figur *(math)*, Abbildung
le fil	Faden; Garn, Draht
le fil de fer	*(Eisen-)Draht*
la T.S.F. (télégraphie sans fil)	*Rundfunk, Radio*
le filet	Netz; Filet(stück)
le filet à provisions	*das Einkaufsnetz*
la fille	Tochter; Mädchen
la jeune fille	*das (junge) Mädchen*
la petite fille	*das kleine Mädchen*
la petite-fille	*Enkelkind, Enkelin*
le film	Film
le fils [fis]	Sohn; Junge
le petit-fils	*Enkelkind, Enkel*
fin, e	fein, dünn, zart; klug, schlau
la fin	Ende, Schluß; Zweck, Ziel
à la fin	*zuletzt*
(à la) fin (de) décembre	*Ende Dezember*
finir (de faire) qc	(be)enden, aufhören
finir par faire qc	*schließlich/zuletzt etw tun*
fixer qc/qn	befestigen, festlegen/den Blick heften auf
la fleur	Blume, Blüte
être en fleur	*in Blüte stehen, blühen*
la foi	Glaube, Treue, Vertrauen
digne de foi	*glaubwürdig*
le foin	Heu
la fois	Mal
quelquefois	*manchmal*
à la fois	*zugleich, auf einmal*

pour la première/dernière fois	*zum ersten-/letztenmal*
une fois par an	*einmal im Jahr/jährlich*
la prochaine/dernière fois	*nächstes/voriges Mal*
la folie	Verrücktheit, Wahn-, Unsinn
foncé, e	dunkel *(Farbe)*
le fond	(Hinter-)Grund, Boden; Inhalt
au fond	*im Grunde genommen, eigentlich*
fonder	(be)gründen, einrichten
une raison bien fondée	*ein triftiger Grund*
fondre (avoir)	schmelzen, auflösen, -tauen
la force	Kraft, Stärke, Macht, Gewalt
à force de travailler/de travail	*durch vieles Arbeiten*
la forêt	Wald, Forst
forger	schmieden, hämmern; bilden *(Wort)*
la forme	Form, Gestalt, Art
être en forme	*in (guter) Form sein*
former	(aus)bilden, erziehen; gestalten
fort, e	stark, kräftig; dick
une forte somme	*eine große Summe*
fort en histoire	*sehr gut in Geschichte*
fort adv	*sehr, stark, laut*
la fortune	Vermögen; Zufall, Schicksal
fou, fol, folle (fous, folles)	wahnsinnig, verrückt, närrisch
le fou(-s)/la folle	Wahnsinnige/r, Narr/Närrin
la foule	(Menschen-)Menge, Gedränge
la fourchette	Gabel
le fourneau (-x)	Ofen; Herd
un fourneau électrique/à gaz/au mazout [mazut]	*elektrischer Herd/Gasherd/Ölofen*
fournir (qc à qn)	liefern, beschaffen, besorgen
fournir qn de qc	*jdn mit etw versorgen*
fournir qc	*etw hervorbringen, leisten*
le foyer	Heim, Herd, Foyer *(theat)*
frais, fraîche	frisch, kühl; ausgeruht
des nouvelles fraîches	*neueste Nachrichten*
la neige fraîche	*Neuschnee*
mettre du linge frais	*frische Wäsche anziehen*
les frais m	(Un-)Kosten, Auslagen
le franc	Frank *(franz. Währung)*, Franc
le Français/la Française	Franzose/Französin
français, e	französisch
le français	Französisch, französische Sprache
parler (le) français	*Französisch sprechen*

grave	(folgen)schwer, ernst, schlimm
un accident/une faute grave	*ein schwerer Unfall/Fehler*
une voix grave	*eine tiefe Stimme*
le grenier	(Dach-)Boden, Speicher
gris, e	grau; trübe *(Wetter)*, düster
gros, se [gro, gro:s]	dick, stark, grob
une grosse somme	*eine große Summe*
le groupe	Gruppe, Abteilung
ne . . . guère	kaum, beinahe, fast; wenig
guérir	heilen, gesund machen
la guerre	Krieg; Kampf, Streit
faire la guerre (à)	*bekämpfen, Krieg führen (gegen)*

H

habiller [-ije]	anziehen, (ein)kleiden
l'habit m	Gesellschaftsanzug, Frack; *pl* Kleider
l'habitant m	Einwohner, Bewohner
habiter (tr/à/dans)	(be)wohnen, leben (in)
l'habitude f	Gewohnheit, Angewohnheit
avoir l'habitude de qc	*an etw gewöhnt sein*
d'habitude	*gewöhnlich*
le hasard	Zufall, Risiko, Chance, Glück
au hasard	*aufs Geratewohl, ziel-, planlos*
par hasard [paraza:r]	*zufällig*
se hâter	sich beeilen
'haut, e	hoch; groß, laut; Ober-
être haut de 20 m/ avoir 20 m de haut	*20 m hoch sein*
à haute voix	*laut*
elle parle très haut inv	*sie spricht sehr laut*
la haute société	*die feine Gesellschaft*
la hauteur	Höhe, Anhöhe; Anmaßung
hélas! [elɑ:s]	ach! leider!
l'herbe f	Gras, Rasen; Kraut
hésiter (à/dans)	zögern (zu/bei), schwanken (*sur* bei)
l'heure f	Uhr, Uhrzeit, Stunde; Zeit
quelle heure est-il?	*wieviel Uhr/wie spät ist es?*
il est dix heures	*es ist zehn Uhr*
tout à l'heure	*gleich, eben*
(partir) de bonne heure	*früh(zeitig) (aufbrechen)*
être à l'heure	*pünktlich sein*
heureusement adv	glücklicherweise, gut
heureusement pour moi	*zu meinem Glück*

heureux, -euse	glücklich, froh
je suis heureux de vous voir	*ich freue mich, Sie zu sehen/treffen*
'heurter	stoßen (gegen), anfahren
heurter du pied contre qc	*mit dem Fuß gegen etw stoßen*
hier [ijɛ:r]	gestern
avant-hier	*vorgestern*
hier matin/soir	*gestern früh, morgen/abend*
l'histoire f	Geschichte *(a. Wissenschaft)*
l'hiver [ivɛ :r] m	Winter
en hiver	*im Winter*
l'homme m	Mensch; Mann
honnête	ehrlich, redlich, anständig
l'honneur m	Ehre, Stolz
en l'honneur de	*zu Ehren von*
l'hôpital [ɔpital] **(-aux)** m	Krankenhaus; Lazarett
l'horizon m	Horizont, Gesichtskreis
l'horreur f	Schrecken, Grauen, Abscheu
avoir horreur de qc	*etw verabscheuen*
horrible	entsetzlich, grauenhaft
'hors	außer(halb), mit Ausnahme von
il est hors de lui	*er ist außer sich* (vor Empörung)
hors de doute/de danger	*außer Zweifel/Gefahr*
l'hôtel m	Hotel, Gasthof, -haus
l'huile f	Öl
'huit [ɥi(t)]	acht
le/la huitième	*der/die achte*
dans huit jours	*in* (nach Ablauf von) *acht Tagen*
dans les huit jours	*innerhalb von/binnen acht Tagen*
j'ai fait cela en huit jours	*ich habe das in acht Tagen gemacht*
tous les huit jours	*alle acht Tage*
humain, e	menschlich, menschenfreundlich
le genre humain	*Menschengeschlecht*
l'humanité f	Menschheit, Menschlichkeit
l'humeur f	Stimmung, Laune
de bonne/mauvaise humeur	*guter/schlechter Laune*
humide	feucht, naß

I

ici	hier, hierher
d'ici là/(à) demain	*bis dahin/bis morgen*
jusqu'ici	*bis hier/heute/jetzt*
par ici	*hierher, hier herum*

l'idée f	Idee, Begriff, Vorstellung, Meinung
ignorer	nicht wissen, nicht kennen (wollen)
il/ils	er *m sing*/sie *m pl*
l'image f	Bild, Abbild
l'imagination f	Einbildung, Phantasie, Vorstellung
imaginer qc	sich etw vorstellen, er-, ausdenken
s'imaginer (faire) qc	*sich etw einbilden/vorstellen*
imiter qn/qc	jdn/etw nachahmen, -machen
immédiatement adv	unmittelbar, -verzüglich, sofort
immense	unermeßlich, riesig, gewaltig
immobile	unbeweglich, fest
l'importance f	Bedeutung, Wichtigkeit, Umfang
important, e	bedeutend, wichtig, umfangreich
importer imp	wichtig sein, eine Rolle spielen
il m'importe beaucoup que + subj	*es ist für mich sehr wichtig/ mir liegt viel daran, daß*
peu (m')importe (que + subj*)*	*das ist (mir) gleichgültig/egal (ob)*
n'importe qui/quoi/où	*irgendwer/-was/-wo(hin)*
imposer	aufzwingen, -erlegen
impossible [*que* + subj	unmöglich, ausgeschlossen
il est impossible de + inf/	*es ist unmöglich, zu/daß*
l'impression f	Eindruck; Druck(legung)
il m'a fait une bonne/ mauvaise impression	*er hat auf mich einen guten/schlechten Eindruck gemacht*
la faute d'impression	*Druckfehler*
incapable (de)	unfähig, außerstande (zu)
l'incident m	Zwischenfall, Vorfall
incliner (à)	beugen; neigen, geneigt sein (zu)
s'incliner (devant)	*sich (ver)beugen/(ver)neigen (vor)*
inconnu, e	unbekannt, fremd, völlig neu
indiquer	(an)zeigen, hinweisen, angeben
indiquer le chemin de ...	*den Weg zu/nach ... weisen*
l'individu m	(Einzel-)Person, Individuum
inférieur, e (à)	untere(r, s); geringer, niedriger (als); unterlegen
infini, e	unendlich, end-, zahllos
l'infirmier/-ière m/f	Krankenpfleger/in, Sanitäter/in
l'ingénieur m	Ingenieur
inquiet, -iète [ɛ̃kjɛ, ɛ̃kjɛt]	unruhig, beunruhigt, ängstlich
je suis inquiet de son silence/de ne pas avoir de ses nouvelles	*ich bin besorgt/beunruhigt über sein Schweigen/weil ich keine Nachrichten von ihm erhalte*
sa mère est inquiète à son sujet/pour sa santé	*seine Mutter ist besorgt um ihn/um seine Gesundheit*

inquiéter	beunruhigen, ängstigen
l'inquiétude f	Unruhe, Besorgnis
l'insecte m	Insekt
insister (sur qc)	betonen, Nachdruck legen, bestehen [(auf)
n'insistons pas	*lassen wir das! gehen wir weiter!*
inspirer	einatmen; inspirieren, eingeben
inspirer confiance	*Vertrauen erwecken*
s'inspirer (de)	*sich beeinflussen lassen (von), sich (jdn) zum Vorbild nehmen*
installer	einsetzen *(in ein Amt);* einrichten, aufstellen, installieren
s'installer	*sich niederlassen, sich einrichten*
l'instant m	Augenblick, Moment
à l'instant	*sofort; gerade, eben*
un instant, s'il vous plaît	*einen Augenblick, bitte!*
l'instinct m [ɛ̃stɛ̃]	Instinkt, Trieb, Neigung
l'instruction f	Unterricht, (Aus-)Bildung; Untersuchung; *pl* Vorschriften
l'intelligence f	Intelligenz, Verstand, Klugheit
vivre en bonne intelligence avec qn	*in gutem Einvernehmen mit jdm leben*
intelligent, e	intelligent, klug, gescheit
l'intention f	Absicht, Wille
avoir l'intention (de)	*beabsichtigen, vorhaben (zu)*
interdire	untersagen, verbieten
il m'interdit de fumer	*er verbietet mir das Rauchen*
intéressant, e	interessant; vorteilhaft *(Preis)*
intéresser	interessieren, angehen, betreffen
s'intéresser à qc/qn	*sich für etw/jdn interessieren*
l'intérêt m	Interesse, Vorteil; *pl* Zinsen
intérieur, e	innere(r, s), inländisch, (B-)Innen-
interroger (en/sur)	(be)fragen, prüfen (in/über); verhören
interrompre	unterbrechen
intime	intim, innig, eng, innerst
introduire	einführen, -werfen *(Münze)*
inutile [inytil]	nutzlos, unbrauchbar, unnötig
inviter (à)	einladen, auffordern, anregen (zu)

J

jadis [ʒadis]	einst, früher, ehemals
jamais	je, jemals (*ohne Verb* niemals)
ne . . . jamais	*nie, niemals*
à jamais	*für immer*

la jambe	Bein
janvier m	Januar
le jardin	Garten
jaune	gelb
je prn	ich
jeter	werfen, schleudern
jeter un regard/un coup d'œil à qn	*jdm einen Blick zuwerfen*
jeter qc par la fenêtre	*etw zum Fenster hinauswerfen*
le jeu (-x)	Spiel
jeudi/le jeudi	Donnerstag/donnerstags
jeune	jung; klein
la jeunesse	Jugend; junge Leute
la joie	Freude, Fröhlichkeit
causer une grande joie à qn	*jdm eine große Freude machen*
joindre (à)	verbinden (mit), erreichen
se joindre (à)	*sich anschließen/verbinden (mit)*
joindre les mains	*die Hände falten*
je joins une photo à ma lettre	*ich lege meinem Brief ein Foto bei*
joli, e	hübsch, nett
la joue	Backe, Wange
jouer	spielen
jouer à un jeu	*ein Spiel spielen*
jouer d'un instrument	*ein Instrument spielen*
jouer une pièce de théâtre	*ein Theaterstück spielen*
le jouet	Spielzeug [+ *Gen.*
jouir de	genießen, besitzen, sich erfreuen
le jour	Tag *(Zeitangabe);* (Tages-)Licht
le journal (-aux)	Zeitung, Blatt; Tagebuch
la journée	Tag(esverlauf) *(Zeitdauer);* Tagewerk
la journée de huit heures	*der Achtstundentag*
toute la journée	*den ganzen Tag (über)*
joyeux, -euse	fröhlich, lustig, vergnügt
le juge	Richter, Schiedsrichter
juger	richten; (be)urteilen, meinen
juger bon/nécessaire	*es für gut/nötig halten*
juillet [ʒɥijɛ] m	Juli
juin [ʒɥɛ̃] m	Juni
la jupe	(Damen-)Rock
jurer	schwören; versichern; fluchen
il jure l'avoir fait	*er schwört, es getan zu haben*
il jure de le faire	*er schwört, er werde es tun*
jusque, jusqu'à prp	bis, bis nach/an/zu

jusqu'en France/en 1960	*bis nach Frankreich/bis 1960*
jusque-là	*bis dahin, so weit*
jusqu'à ce que + subj	*bis*
juste adj/adv	richtig, genau; *nur adj* gerecht
elle chante juste inv	*sie singt richtig*
je ne sais pas au juste	*ich weiß nicht recht*
justement	mit Recht; gerade, eben
la justice	Gerechtigkeit, Recht; Gericht, Justiz
(agir) avec justice	*gerecht (handeln)*

K

le kilo(gramme)	Kilo(gramm)
un kilo de beurre	*ein Kilo Butter*
le kilomètre	Kilometer

L

la *cf.* le	
là	da, dort, da-, dorthin
là-bas	*da unten, da hinten, dort*
là-dedans	*darin, hinein*
là-dessous/là-dessus	*darunter/darüber*
là-haut	*da oben*
le lac	der See
lâcher	losmachen, -lassen
laid [lɛ], **e**	häßlich; niederträchtig, gemein
la laine	Wolle
laisser	(liegen-, übrig-, zurück-, über-, zu-) [lassen
le lait	Milch
la lame	Schneide, (Rasier-)Klinge; Welle
la lampe	Lampe; Röhre *(Radio)*
lancer	werfen, schleudern, stoßen
la langue	Zunge; Sprache
une langue vivante	*eine moderne, lebende Sprache*
large	breit; weit, ausgedehnt; großzügig
avoir 2 mètres de large/ être large de 2 mètres	*2 Meter breit sein*
la larme	Träne; kleiner Tropfen, Tröpfchen
les larmes aux yeux	*mit Tränen in den Augen*
laver	waschen
laver le plancher	*den Fußboden aufwischen*
le, la, l'/les art, prn	der, die, das/die *art*, ihn, sie, es/sie

le matin, le soir, le lundi, etc.	*morgens, abends, montags usw.*
la leçon	Lektion, Unterrichtsstunde; Lehre
léger, -ère	leicht *(Gewicht); fig* unbedeutend
une faute légère	*ein leichter Fehler*
un repas léger	*eine leichte Mahlzeit*
un bruit léger	*ein leises Geräusch*
le légume	Gemüse
le lendemain	der nächste Tag; am folgenden Tag
le lendemain matin/soir	*am folgenden Morgen/Abend*
lent, e	langsam
lequel, laquelle/lesquels, lesquelles prn rel, int	welche(r, s)/welche(?); der, die, das/die
la lettre	Buchstabe; Brief
leur prn	ihnen *prn pers*
leur (leurs)	*ihr/ihre* prn poss [prn poss
le/la leur (les leurs)	*der/die/das ihrige (die ihrigen)*
lever	(hoch)heben, hochziehen
se lever	*sich erheben, aufstehen*
le soleil se lève	*die Sonne geht auf*
la lèvre	Lippe
la lèvre inférieure/supérieure	*Unter-/Oberlippe*
la liberté	Freiheit
libre	frei, nicht besetzt
lier (à)	binden (an), verbinden (mit)
le lieu (-x)	Ort, Stelle, Platz
au lieu de	*statt, anstatt, anstelle*
avoir lieu	*stattfinden*
la ligne	Linie, Zeile; Reihe; Angel
(à la) ligne dix	*auf Zeile 10*
le linge	Wäsche
lire (qc à qn)	lesen; (jdm etw) vorlesen
le lit	Bett *(a. Fluß)*, Lager
faire son lit	*sein Bett machen*
aller au lit	*zu Bett/schlafen gehen*
le litre	Liter
un litre de vin	*ein Liter Wein*
le livre	Buch
la livre	Pfund
livrer	(ab-, aus)liefern, übergeben
se livrer à des études	*Studien (be)treiben, studieren*
la loi	Gesetz; Gebot
adopter une loi	*ein Gesetz annehmen*
contraire à la loi	*gegen das Gesetz, gesetzwidrig*

loin (de) adv	weit weg/entfernt, fern (von)
au loin	*in der Ferne*
de loin	*von weitem, aus der Ferne*
lointain, e	entfernt, abgelegen, fern
long, longue	lang; langsam, -wierig
cette pièce a cinq mètres de long/est longue de cinq mètres	*dieser Raum ist fünf Meter lang*
le long de	*längs, entlang*
longtemps adv	lange
lors de	zur Zeit, während, bei
dès lors	*seitdem, seit der Zeit*
lorsque	als; wenn
louer	loben, preisen
louer	(ver)mieten; (ver)pachten
chambre à louer	*Zimmer zu vermieten*
lourd, e	schwer *(Gewicht);* schwerfällig; schwül
un repas lourd	*eine schwere Mahlzeit*
une lourde faute	*ein schwerer Fehler*
lui prn	ihm, ihr *verb. prn;* er, ihn, sich *unverb. prn*
la lumière	Licht; Lampe
lundi/ le lundi	Montag/montags
la lune	Mond
la pleine/nouvelle lune	*Voll-/Neumond*
il fait clair de lune	*der Mond scheint*
les lunettes f	Brille
la lutte	Kampf, Ringen, Wett-, Ringkampf

M

ma *cf.* mon	
la machine	Maschine; Lokomotive
madame (mesdames) f	Frau, gnädige Frau
Mme (= Madame) Dupont	*Frau Dupont*
mademoiselle (mesdemoiselles) f	Fräulein, gnädiges Fräulein
Mlle (= Mademoiselle) Dupont	*Frl. (= Fräulein) Dupont*
le magasin	Geschäft, Laden; (Waren-)Lager
magnifique	prächtig, herrlich, großartig
mai m [mɛ]	Mai
maigre	mager, dünn, dürftig
maigrir (avoir)	schlank/mager werden, abnehmen
j'ai maigri d'un kilo	*ich habe 1 Kilo abgenommen*
le maillot/maillot de bain	Trikot *(Sport)*/Badeanzug

la main	Hand; Macht; Arbeit(skraft)
à la main	*in/an/mit der Hand*
maintenant	jetzt, nun
maintenir	(aufrechter)halten, behaupten
la mairie	Bürgermeisteramt, Rathaus
mais	aber; sondern
la maison	Haus, Heim; Firma
le maître/la maîtresse	Herr/in, Meister/in; Lehrer/in
le maître de maison	*Hausherr, Gastgeber*
la maîtresse de maison	*Hausfrau, Gastgeberin*
mal adv	schlecht; falsch; krank
le mal (les maux)	Schlechtes, Böses, Schmerz
dire du mal de qn	*schlecht über jdn reden*
il a mal à la tête/la tête lui fait mal	*er hat Kopfschmerzen/der Kopf tut ihm weh*
il m'a fait du mal	*er hat mir geschadet*
il m'a fait mal	*er hat mir weh getan*
avoir beaucoup de mal (à)	*viel/große Mühe haben (zu)*
malade	krank, krankhaft
tomber malade	*krank werden*
le/la malade	Kranke/r, Patient/in
la maladie	Krankheit, Leiden
malgré	trotz, gegen den Willen von
malgré moi/toi	*gegen meinen/deinen Willen*
le malheur	Unglück, Unheil, Pech
malheureusement adv	unglücklicherweise, leider
malheureux, -euse	unglücklich, bedauerlich
malin, maligne	schlau, gerissen; bösartig *(Krankheit)*
la maman [mamã]	Mama, Mutter, Mutti
le manche	Stiel, Griff
manger	essen, verzehren
la manière	Art, Art u. Weise; *pl* Manieren
la manière de parler/d'agir/de voir	*Ausdrucksweise/Verhalten/Einstellung*
de cette manière	*auf diese (Art u.) Weise*
à la manière de	*nach Art* + Gen.
de manière que + subj/ind	*so, daß* (Absicht/Tatsache)
manquer (à)	fehlen; fehlschlagen; verstoßen [(gegen)
je manque d'argent	*es fehlt mir an Geld*
il me manque trois francs	*mir fehlen drei Franken*
j'ai manqué le train	*ich habe den Zug verpaßt*
les forces lui manquent	*die Kräfte versagen ihm*
il a manqué à sa parole	*er hat sein Wort gebrochen*
il a manqué (de) tomber	*er wäre beinahe gefallen*

le manteau (-x)	Mantel, Umhang
un manteau d'été/de pluie	*Sommer-/Regenmantel*
le marchand	Kaufmann, Händler
la marche	Marsch, Gehen, Fahrt; Stufe
après une heure de marche	*nach einstündigem Marsch/Fußweg*
mettre en marche	*in Gang setzen*
le marché	(Absatz-)Markt; Einkauf
aller au marché	*auf den Markt gehen*
faire un marché intéressant	*ein vorteilhaftes Geschäft abschließen*
le marché commun	*der gemeinsame Markt*
marcher (avoir)	marschieren, gehen; funktionieren
marcher sur le pied de qn	*jdm auf den Fuß treten*
mardi/le mardi	Dienstag/dienstags
le mari	(Ehe-)Mann, Gatte, Gemahl
le mariage	Ehe, Heirat, Trauung
marier qn (à/avec)	jdn verheiraten, trauen (mit)
se marier (avec)	*sich verheiraten (mit), heiraten*
la marmite	Kochtopf, Kessel
marquer	(be-, kenn)zeichnen; aufschreiben; anzeigen *(Zeit)*; belegen *(Platz)*
mars [mars] m	März
le marteau (-x)	Hammer *(a. Sportgerät)*
la masse	Masse, Menge, Haufen
le matelas [matla]	Matratze
le matériel	Material, Ausrüstung
matériel, le	materiell, stoff-, körperlich
la matière	Materie, Stoff; (Unterrichts-)Fach
la matière première	*Rohstoff*
le matin	Morgen; Vormittag
à trois heures du matin	*um 3 Uhr nachts/morgens*
un matin/le matin	*eines Morgens/morgens, am Morgen*
mauvais [mɔvɛ, movɛ], **e**	schlecht, schlimm, übel
le mazout [mazut]	Heizöl
me prn	mir, mich *prn*
le mécanicien	Mechaniker; Lokomotivführer
méchant, e	*nachgest.* böse, boshaft; bissig; ungezogen; *vorgest.* schlecht, erbärmlich
le médecin [metsɛ̃]	Arzt, Doktor
le médicament	Medikament, Arznei, Medizin
meilleur, e	besser
(bon/meilleur/le meilleur)	*(gut/besser/der, die, das beste)*
mêler (dans)	(ver)mischen; verwickeln (in)
se mêler (à, dans)	*sich (ver)mischen (in, unter)*
se mêler (de)	*sich kümmern (um)*

le membre	Glied(Körperteil), Mitglied
même adj/adv	selbst, gleich/sogar, selbst
moi-même/eux-mêmes	*ich selbst/sie selbst*
de même	*ebenso, gleichfalls*
la mémoire (de qc)	Gedächtnis, An-, Gedenken (an)
menacer (de)	(be)drohen (mit, zu), androhen
le ménage	Haushalt, -arbeit; Ehepaar
faire le ménage	*die Hausarbeit machen*
ménager, -ère	Haushalts-
un appareil ménager	*ein Haushaltsgerät*
la ménagère	Hausfrau [*wesen)*
mener (à)	führen (nach/zu), bringen *(Lebe-*
cela ne mène à rien	*das führt zu nichts/ist sinnlos*
le mensonge	Lüge, Unwahrheit, Schwindel
dire des mensonges	*lügen*
mentir (à qn)	(jdn) (be)lügen, schwindeln
le menuisier	Tischler, Schreiner
la mer [mɛːr]	Meer, Ozean, die See
merci (de/pour)	danke, danke sehr/schön (für)
merci beaucoup/bien	*vielen Dank*
mercredi/le mercredi	Mittwoch/mittwochs
la mère *[mères*	Mutter
la grand-mère/les grand-	*Großmutter/Großmütter*
mériter (de)	verdienen, wert sein (zu), sich verdient machen (um)
merveilleux, -euse	wunderbar, -voll
la mesure	Maß, -stab, -nahme; Takt *(mus)*
sur mesure *[de qc*	*nach Maß*
prendre mesure/les mesures	*Maß nehmen*, etw. (aus-) messen
prendre des mesures	*Maßnahmen ergreifen*
mesurer	(ab)messen, abwägen
le métal (-aux)	Metall
le métier	Handwerk, Gewerbe, Beruf
quel métier exerce-t-il?	*welchen Beruf übt er aus?*
le métier de tailleur	*das Schneiderhandwerk*
le mètre	Meter; Metermaß
mettre	setzen, stellen, legen; anziehen *(Kleidung)*; (in die Tasche) stecken
j'ai mis deux ans à terminer ce livre	*ich habe zwei Jahre gebraucht, um dieses Buch zu beenden*
mettre ses bas/son manteau/son chapeau/ses lunettes	*die Strümpfe/den Mantel anziehen/den Hut/die Brille aufsetzen*
se mettre à	*sich daran machen, beginnen mit*
se mettre à table	*sich zu Tisch/zum Essen setzen*

le meuble	Möbel(stück)
midi m	Mittag(szeit), 12 Uhr mittags
dans le Midi / le midi de ...	*in Südfrankr./in Süd-* (Gegend)
à midi juste/précis	*Punkt 12 (Uhr mittags)*
le mien, la mienne/les miens, les miennes prn	meins, der, die, das meinige/meine, die meinigen
à qui est ce chapeau?	*wem gehört dieser Hut?*
c'est le mien	*es ist meiner/er gehört mir*
mieux/le mieux adv	besser/am besten
(bien / mieux / le mieux)	*(gut/besser/am besten)*
aimer mieux	*lieber wollen, vorziehen*
tant mieux (pour vous)	*um so besser (für Sie)*
mil inv	tausend *(nur in Jahreszahlen)*
le milieu (-x)	Mitte; Umwelt, Milieu
au milieu de	*mitten in/auf*
militaire	militärisch, Kriegs-, Militär-
mille inv [mil]	tausend
mille un/deux mille	*1001/2000*
le milliard [-lj-]	Milliarde
deux milliards de francs	*zwei Milliarden Franken*
le millier [-lj-]	das Tausend
des milliers de personnes	*Tausende von Menschen*
le million [-lj-]	Million
deux millions de francs	*zwei Millionen Franken*
mince	dünn, schlank; gering
le ministre	Minister
minuit m	Mitternacht, 12 Uhr nachts
la minute	Minute
misérable	bedauernswert, elend, erbärmlich
la misère	Elend, Not, Jammer
tomber dans la misère	*in Not geraten*
la mode	Mode [*modern*
à la (dernière) mode	*nach der (neuesten) Mode, (ganz)*
le mode	Art, Weg, Verfahren, Mittel
le mode d'existence	*Lebensform, -weise*
le mode de travail	*Arbeitsweise*
moderne	modern, neu(zeitlich)
les langues modernes	*die neueren Sprachen*
moi prn	ich *unverb. prn*, mir, mich *verb. prn*
moindre/le, la moindre	geringer, niedriger/der, die, das geringste, niedrigste
(petit/moindre/le moindre)	*(gering/geringer/am geringsten)*
au moindre bruit	*beim leisesten Geräusch*
moins/le moins	weniger/am wenigsten

(peu/moins/le moins)	*(wenig/weniger/am wenigsten)*
moins de trois heures	*weniger als 3 Stunden*
trois heures au moins	*wenigstens/mindestens 3 Stunden*
du moins	*wenigstens, mindestens*
le mois	Monat
au mois de janvier	*im (Monat) Januar*
trois/six/neuf mois	*ein Viertel-/halbes/dreiviertel Jahr*
la moisson	Ernte
faire la moisson	*ernten*
la moitié [mwatje]	Hälfte
à moitié	*zur Hälfte, halb*
le moment	Moment, Augenblick, Weile
un moment!	*Augenblick mal!*
un bon/long moment	*eine ganze Weile*
mon/ma (mes) prn	mein (meine)
le monde	Welt, Erde; Menschen, Leute
au monde	*in der Welt, auf der Welt*
tout le monde	*jeder(mann), alle (Leute)*
nous avons du monde	*wir haben Gäste/Besuch*
le monde entier	*die ganze Welt*
la monnaie	(Klein-)Geld; Währung, Münze
monsieur/messieurs m [məsjø/mesjø]	Herr/en; mein/e Herr/en
M. (= Monsieur) Dupont	*Herr Dupont*
monsieur le Directeur	*Herr Direktor*
la montagne	Berg; Gebirge
à la montagne	*im/ins Gebirge*
monter (*itr* être/*tr* avoir)	(an-, auf-, ein-, hinein)steigen, sich erheben/hinauftragen
je suis monté dans le train	*ich bin in den Zug eingestiegen*
il a monté ma valise	*er hat meinen Koffer nach oben getragen/hinaufgetragen*
la montre	(Armband-, Taschen-)Uhr
montrer	zeigen, sehen lassen; beweisen
se montrer	*sich zeigen, sich erweisen*
se moquer (de)	sich lustig machen (über), (ver)spotten
moral (-aux), e	moralisch, sittlich
le morceau (-x)	(Teil-)Stück, Bissen
un morceau de sucre	*ein Stück Zucker*
mordre	beißen
la mort	Tod, Ende
le mort/la morte	Toter/Tote
mort, e	tot, gestorben
le mot	Wort; Ausspruch

à ces mots	*bei diesen Worten, daraufhin*
envoyer un mot à qn	*jdm einen kurzen Brief schicken*
le moteur	Motor, Maschine
le moteur part/marche	*der Motor springt an/läuft*
la moto(cyclette)	Motorrad
faire de la moto	*Motorrad fahren*
mou, mol, molle (mous, molles)	weich; willenlos, schwach
la mouche	Fliege
le mouchoir	Taschentuch
mouillé, e	naß, angefeuchtet, durchnäßt
mouiller	anfeuchten, durchnässen, naß machen; vor Anker gehen/liegen
mourir (de)	sterben (an/vor); ausgehen *(Feuer)*
mourir de faim/de soif	*verhungern/verdursten*
le moustique	Mücke; Moskito
le mouton	Schaf; Hammel(fleisch)
le mouvement	Bewegung, Kommen u. Gehen
le moyen	Mittel; *pl* Vermögen; Fähigkeit(en)
muet, te	stumm, still, lautlos
le mur	Wand, Mauer
mûr, e	reif *(Obst, Alter, Überlegung)*
la muraille	(Burg-, Stadt-)Mauer, Gemäuer
la musique	Musik
le mystère	Geheimnis, Rätsel
plein, e de mystère	*geheimnisvoll, rätselhaft*
mystérieux, -euse	geheimnisvoll, rätselhaft

N

nager	schwimmen
naître	geboren werden; entstehen
je suis né(e) en 1930	*ich bin (im Jahre) 1930 geboren*
faire naître	*hervorbringen, erwecken*
la nation	Nation, Volk
national (-aux), e	national, National-, Volks-
la nature	Natur, Wesen, Veranlagung, Art
naturel, le	natürlich
naturellement	*natürlich, selbstverständlich*
ne/ne . . . pas	nicht
ne . . . aucun, e	*kein*
ne . . . guère	*kaum*
ne . . . jamais	*niemals*

ne . . . ni . . . ni	*weder . . . noch . . . noch*
ne . . . nul (le)	*kein*
ne . . . personne	*niemand*
ne . . . plus	*nicht mehr*
ne . . . plus que	*nur noch*
ne . . . point lit	*(durchaus) nicht*
ne . . . que	*nur; erst*
ne . . . rien	*nichts*
ne . . . pas du tout	*gar nicht, keineswegs*
né, e	geboren
Madame Dupont née Dubois	*Frau Dupont geb. Dubois*
nécessaire (de + inf/**que** [+ subj**)**	notwendig, nötig, erforderlich
la nécessité	Notwendigkeit, Not
la neige	Schnee
nerveux, -euse	nervös, Nerven-
le système nerveux	*Nervensystem*
net [nɛt], **nette**	sauber, rein; klar, deutlich
le poids net	*Rein-, Nettogewicht*
une réponse/idée nette	*eine klare Antwort/festumrissene Idee*
nettoyer	säubern, reinigen, putzen
neuf, neuve nachgest.	neu, ungebraucht
neuf [nœf]	neun
le/la neuvième [nœvjɛm]	*der/die neunte*
le nez	Nase
ni *cf.* ne	
noble	vornehm, edel; adlig
noir, e	schwarz; dunkel, finster, trübe
le nom	Name; Ruf; Substantiv, Nomen
le nombre	(An-)Zahl, Menge; Numerus
en grand nombre	*in großer Zahl*
nombreux, -euse	zahlreich
une famille nombreuse	*eine kinderreiche Familie*
nommer	(be-, er)nennen
on l'a nommé directeur	*man hat ihn zum Direktor ernannt*
non	nein
moi non plus	*ich auch nicht*
le nord	Norden
au nord (de)	*nördlich (von), im Norden* (Richtung)
notre/nos prn	unser/unsere
nourrir	(er)nähren; stillen; verpflegen
nous prn	wir/uns
nouveau, nouvel, nouvelle (nouveaux, nouvelles)	neu, anders; neu(artig), modern

une nouvelle robe	*ein neues/anderes Kleid*
une robe nouvelle	*ein neues/modernes Kleid*
(une robe neuve)	*(ein neues/nicht getragenes Kleid)*
à/de nouveau	*von neuem, noch einmal*
la nouvelle	Neuigkeit, Nachricht; Novelle
novembre m	November
nu, e	nackt, unbekleidet; kahl
les pieds nus, nu-pieds	*barfuß*
la tête nue, nu-tête	*barhäuptig, ohne Kopfbedeckung*
la nuit	Nacht, Dunkelheit, Finsternis
tard dans la nuit	*spät nachts*
nul, le	nichtig, ungültig
nulle part (vor Verb *ne*)	*nirgendwo, nirgends*
ne . . . nul(le) cf. *ne*	*keiner, niemand*
le nylon	Nylon

O

obéir (à)	gehorchen, folgen
l'objet m	Objekt, Gegenstand; Inhalt
quel était l'objet de sa visite?	*was war der Zweck seines Besuchs?*
obliger (à)/être obligé (de)	zwingen (zu)/gezwungen sein (zu)
obliger (de/en + gér)	*verpflichten/eine Gefälligkeit erweisen (indem)*
obscur, e	finster, dunkel, unklar
observer	beobachten, -folgen, einhalten
je vous fais observer que . . .	*ich mache Sie darauf aufmerksam, daß . . .*
obtenir	erreichen, -halten, -langen
l'occasion f	Gelegenheit, Anlaß; Veranlassung
profiter de l'occasion (pour)	*die Gelegenheit ergreifen (um)*
d'occasion	*antiquarisch, Gebraucht-*
occuper	besetzen; beschäftigen; *(Platz)* einnehmen
s'occuper (de)	*sich beschäftigen (mit)*
être occupé (à)	*beschäftigt sein (mit)*
octobre m	Oktober
l'odeur f	Geruch, Duft
l'œil/les yeux [œj/jø] m	Auge/n
il a les yeux bleus	*er hat blaue Augen*
l'œuf [œf/, *pl* ø] m	Ei
un œuf dur	*ein hartgekochtes Ei*
l'œuvre f	Werk *(Schriftsteller)*, Arbeit

l'officier m	Offizier; Beamter
offrir (de faire) qc	(an)bieten; schenken
l'oiseau (-x) m	Vogel
l'ombre f	Schatten; Dunkelheit, Finsternis
à l'ombre	*im Schatten*
l'ongle m	Fingernagel; Kralle
onze	elf
le/la onzième	*der/die elfte*
l'opération f	Operation; Unternehmen; Rechnungsart
l'opinion f	Meinung
opposer	(gegenüber-, entgegen)setzen, -stellen, -halten
s'opposer (à)	*sich widersetzen*
l'or m	Gold
d'or/en or	*golden, aus Gold, Gold-*
or conj	nun (aber)
l'orage m	Gewitter, Sturm
ordinaire	gewöhnlich, üblich
d'ordinaire	*meistens, im allgemeinen*
ordonner de + inf/**que** + subj	befehlen, (an-, ver)ordnen
l'ordre m	Befehl; (An-)Ordnung, Reihenfolge
l'oreille f	Ohr; Gehör
dire qc à l'oreille de qn	*jdm etw ins Ohr flüstern/sagen*
organiser	aufbauen, organisieren; veranstalten
l'orgueil [ɔrgœj] m	Stolz, Hochmut
l'origine f	Herkunft, Ursprung; Anfang
l'os [ɔs, *pl* o] m	Knochen
oser	wagen, sich (ge)trauen
ôter	(weg)nehmen; ausziehen *(Kleidung)*
ou	oder
ou ... ou	*entweder ... oder*
où	wo, wohin; *adv* worin, -an, -auf, -zu
d'où	*von wo, woher, woraus, wovon*
oublier (de faire) qc	vergessen
n'oublie pas de fermer la porte	*denke daran, die Tür zu schließen!*
l'ouest [wɛst] m	Westen [tung)
à l'ouest (de)	*westlich (von), im Westen* (Rich-
oui [wi]	ja
l'outil [uti] m	Werkzeug
en outre	außerdem, überdies
ouvert, e	geöffnet, offen
l'ouvrage m	Arbeit, Werk; Buch
il se met à l'ouvrage	*er macht sich an die Arbeit*

l'ouvrier/l'ouvrière m/f	Arbeiter/in, Handwerker
ouvrir	öffnen, aufmachen
la porte s'ouvrit	*die Tür ging auf*

P

la page	(Buch-)Seite, Blatt
la paille	Stroh(halm)
le pain	Brot; Lebensunterhalt
le petit pain	*Brötchen*
la paix	Friede(n); Ruhe, Stille
faire la paix	*Frieden machen/schließen*
le palais	Palast, Palais
pâle	blaß, bleich; trübe
le panier	Korb *(mit Henkel)*
le pansement	Verband
le pantalon *cf.* culotte	(lange) Hose
le papa	Papa, Vati
le papier	Papier; Schriftstück; *pl* Ausweis- [papiere
le paquet	Paket, Päckchen, Bündel
par	bei, durch, von, an, mit, per
par le train/la poste	*mit dem Zug/der Post*
par ici/par là	*hierher/dorthin*
par jour/mois, etc.	*täglich/monatlich usw.*
par un temps pareil	*bei einem derartigen Wetter*
paraître (avoir)	(er)scheinen, sich zeigen, auftreten
il paraît triste	*er sieht traurig aus*
vient de paraître	*soeben erschienen*
il paraît qu'il est malade	*er soll krank sein*
parce que	weil
parcourir (avoir)	durchgehen, -reisen, -fahren
parcourir un livre	*ein Buch flüchtig lesen*
parcourir une distance	*eine Entfernung zurücklegen*
le pardon	Verzeihung *a. interj*
demander pardon à qn	*jdn um Verzeihung bitten*
pardonner qc à qn	jdm etw verzeihen/vergeben
pareil, le	gleich, ähnlich, solch
le parent/la parente	Verwandte/r
les parents m	*Eltern; Verwandte*
parfait, e	vollkommen, tadellos
parfois	manchmal, gelegentlich
parler (à/avec)	sprechen (mit/zu)
il parle (le) français	*er spricht Französisch*

parler haut/bas inv	*laut/leise sprechen*
il parle de son voyage	*er erzählt von seiner Reise*
parmi	(mitten) unter
la parole	Wort; Rede, Sprache
donner la parole à qn	*jdm das Wort erteilen*
donner sa parole à qn	*jdm sein Wort geben*
la part	(An-)Teil; Seite
à part adv/prp	*beiseite; getrennt/außer*
d'une/d'autre part	*einer-/andererseits*
de la part de	*von (seiten), im Auftrag von*
quelque part	*irgendwo(hin)*
faire part de qc	*etw mitteilen*
prendre part à qc	*an etw teilnehmen*
partager (avec/entre/en)	(ver)teilen (mit/unter/in)
le parti	Entschluß; Partei; (gute) Partie
prendre parti (pour/contre)	*Partei ergreifen (für/gegen)*
prendre un parti	*einen Entschluß fassen*
prendre son parti de qc	*sich mit etw abfinden/zufriedengeben*
tirer parti de qc	*Vorteil/Nutzen ziehen aus*
particulier, -ière	besonders; privat
des leçons particulières	*Privat-/Nachhilfestunden*
particulièrement	*besonders*
la partie	Teil, Partie *(Ausflug/Spiel)*
la partie du monde	*Erdteil*
faire une partie de cartes	*eine Partie Karten spielen*
faire partie de	*gehören zu*
partir (de)	aufbrechen, weg-, fortgehen, starten (von)
partir pour	*(ab)reisen (nach)*
partir en voyage	*verreisen*
à partir de (demain)	*von (morgen) an*
partout	überall
parvenir (à)	gelangen, zugehen; gelingen
je parviens à ... lit	*es gelingt mir, zu ...*
le pas	Schritt, Tritt
ne ... pas cf. *ne*	*nicht*
le passage	Durchgang, -fahrt, -reise, Übergang; Stelle *(im Buch)*
le passé	Vergangenheit; Vergangenes
passer (par, bei Pers. **chez)** (*itr* être/*tr* avoir)	hin-, vorbei-, vorübergehen, -kommen, -fahren, -reisen/(über)reichen
passer par une ville	*durch eine Stadt fahren/kommen*
le temps passe vite	*die Zeit vergeht schnell*
il a passé deux jours ici	*er hat zwei Tage hier verbracht*
passez-moi le sel	*reichen Sie mir das Salz!*

passer la frontière	*über die Grenze gehen/fahren*
passer pour	*gelten als, angesehen werden als*
passer son temps à faire qc	*seine Zeit verbringen mit*
se passer	*vorkommen, geschehen, passieren*
se passer de qc	*etw entbehren, auf etw verzichten*
la passion	Leidenschaft; Liebe
la pâte	Teig; Paste, Pasta
des pâtes f	*Teigwaren*
la patrie	Vaterland, Heimat
le patron	Arbeitgeber; Wirt; Schutzheiliger
la patte	Pfote, Tatze; Klaue
pauvre	*vorgest.* arm(selig), bedauernswert; *nachgest.* arm, mittellos
la paye (paie) [pɛ(j)]	Lohn, Wochenlohn; Sold
payer	(be)zahlen, entlohnen; büßen
il me le payera (paiera) [pɛra]	*er wird mir dafür büßen*
j'ai payé ce livre dix francs	*ich habe für dieses Buch 10 Franken bezahlt*
payer cher inv	*teuer bezahlen*
le pays [pei]	Land, Heimat; Gebiet
le paysan/la paysanne	Bauer/Bäuerin
la peau (-x)	Haut, Fell; Schale *(bot)*
pêcher/(à la ligne)	fischen/angeln
le pêcheur/(à la ligne)	Fischer/Angler
le peigne	Kamm
se donner un coup de peigne	*sich* (schnell einmal) *kämmen*
peigner	kämmen
peindre	malen, anstreichen; schildern
la peine	Strafe; Schmerz; Sorge, Mühe
avoir de la peine/beaucoup de peine à faire qc	*nur mit Mühe etw tun/große Mühe haben, etw zu tun*
la peine de mort	*Todesstrafe*
son malheur me fait de la peine/beaucoup de peine	*sein Unglück schmerzt/betrübt mich sehr*
à peine adv	*kaum*
la peinture	Malerei, Gemälde; Farbe; Schilderung, Darstellung
peinture fraîche	*Achtung, frisch gestrichen!*
la pelle	Schaufel, Schippe
pencher	neigen, beugen, schief stehen
pendant prp/**pendant que** conj	während
pendre	hängen, aufhängen
pénétrer (de) (avoir)	durchdringen, -schauen, erfüllen (mit)
pénétrer (dans/jusqu'à)	*eindringen (in/bis)*

pénible	anstrengend, schwierig, hart
la pensée	Gedanke; Meinung
penser (à)	denken (an); meinen, glauben
je pense sortir	*ich gedenke/habe vor auszugehen*
perdre	verlieren
perdre qn	*jdn zugrunde richten, ruinieren*
il s'est perdu	*er hat sich verlaufen/verirrt*
le père	Vater
le grand-père/les grands-pères	*Großvater/Großväter*
permettre (de faire) qc	erlauben, gestatten
le personnage	Persönlichkeit, Person; Rolle *(theat)*
la personne	Person, Mensch; *fig* Gestalt
ne ... personne cf. *ne*	*niemand*
personnel, le	persönlich
la perte	Verlust, Verderben, Untergang
à perte de vue	*soweit das Auge reicht, endlos*
peser	wiegen, abwägen; reiflich überlegen
petit, e	klein, gering
le petit-fils/la petite-fille	*Enkel/Enkelin*
le pétrole	Erdöl; Petroleum
peu (de)	wenig
peu après	*kurze Zeit danach, bald darauf*
un peu (de)	*ein wenig, etwas, ein bißchen*
peu à peu	*allmählich, nach und nach*
à peu près	*fast, beinahe, annähernd*
le peuple	Volk, Nation
la peur (de)	Angst, Furcht (vor)
avoir peur (de)	*Angst haben (vor)*
j'ai peur qu'il n'ait perdu l'argent	*ich habe Angst, daß er das Geld verloren hat*
faire peur à qn	*jdn erschrecken*
crier/mourir de peur	*aus/vor Angst schreien/sterben*
peut-être	vielleicht
le pharmacien	Apotheker
la photo(graphie)	Photographie; Foto, Aufnahme
photographier	photographieren, aufnehmen
la phrase	Satz; Phrase
la pièce	Stück, (Einzel-)Teil; Zimmer
une pièce de monnaie/de [théâtre	*ein Geld-/Theaterstück*
le pied	Fuß; (Tisch-)Bein
aller à pied	*zu Fuß gehen*
au pied de la montagne	*am Fuße des Berges*
sur la pointe des pieds	*auf Zehenspitzen*

la pierre	Stein, Gestein
de/en pierre	*aus Stein, steinern*
la pile	Haufen, Stapel; Batterie *el*
piquer	stechen; picken; reizen
la pitié	Mitleid, Erbarmen
avoir pitié de qn	*Mitleid haben mit*
la place	Platz, Ort, Stelle, Stellung
à sa/votre place	*an seiner/Ihrer Stelle*
placer	setzen, stellen, legen
le plafond	(Zimmer-)Decke
plaindre (de + inf)	beklagen, bedauern (weil)
se plaindre de qc/qn	*sich beklagen/klagen über*
la plaine	Ebene, Flachland
plaire (à)	gefallen
se plaire à	*Gefallen/Freude finden an*
il se plaît chez nous	*es gefällt ihm bei uns*
s'il vous plaît (s.v.p.)	*bitte*
le plaisir	Vergnügen, Freude, Spaß
cela me fait plaisir	*das macht mir Spaß*
faites-moi le plaisir de venir	*machen Sie mir die Freude zu kommen*
prendre plaisir à qc	*Gefallen an etw finden*
avec/par plaisir	*mit Vergnügen, gern/zum Vergnügen*
le plan	genauer Plan, Gliederung; Karte
la planche	Brett, Planke
le plancher	Fußboden
la plante	Pflanze, Gewächs
la plante du pied	*Fußsohle*
planter (de)	(an)pflanzen, bepflanzen (mit)
le plat	Gericht *(Speise);* Schüssel, Platte
plat, e	flach *(Teller);* platt; ausdruckslos
plein, e (de)	voll, gefüllt (mit)
en plein Paris/en pleine rue/mer	*mitten in Paris/auf offener Straße/hoher See*
pleurer	(be)weinen, betrauern
pleuvoir imp	regnen
il pleut/a plu	*es regnet/hat geregnet*
plier	falten, zusammenlegen; biegen
plonger (dans)	tauchen (in); stürzen (in)
la pluie	Regen
la plume	Feder; Schreibfeder
la plupart (de + art)	die meisten
la plupart des gens croient…	*die meisten Leute glauben, . . .*
la plupart du temps	*meist, meistens*

plus/le plus [ply(s)]	mehr/am meisten; Plus(zeichen)
grand/plus grand (que)/ le plus grand	*groß/größer (als)/am größten*
plus de/plus que	*mehr als* (Menge/Vergleich)
ne ... plus cf. *ne*	*nicht mehr*
ne ... plus que	*nur noch*
de plus en plus	*immer (mehr)* vor Komparativ
plus il en a, plus il en veut	*je mehr er hat, desto mehr will er*
plusieurs inv	mehrere
plutôt (que)	eher, lieber; vielmehr
venez plutôt samedi que jeudi	*kommen Sie lieber Sonnabend (Samstag) statt Donnerstag*
plutôt souffrir que mourir	*lieber leiden als sterben*
(venez plus tôt)	*(kommen Sie früher!)*
la poche	Tasche
le poêle [pwɑ:l]	Ofen
la poésie	Poesie, Dichtkunst; Dichtung, (kurzes) Gedicht
le poids [pwɑ]	Gewicht; Bedeutung; Kugel *(Sport)*
le poing [pwɛ̃]	Faust
le point [pwɛ̃]	Punkt, Stelle, Ort
le point de départ	*Ausgangspunkt*
ne ... point cf. *ne* lit	*(durchaus) nicht*
la pointe	Spitze
pointu, e	spitz, scharf
le poisson	Fisch
la poitrine	Brust
poli, e	höflich; glatt, blank
la police	Polizei
politique	politisch, staatsmännisch
un homme politique	*Politiker, Staatsmann*
la pomme	Apfel
la pomme de terre	*Kartoffel*
le pont	Brücke; Deck *(Schiff)*
populaire	volkstümlich, beliebt, populär
le port	Hafen; Porto; Fracht
les frais de port	*die Portokosten*
la porte	Tür; Tor
le portefeuille	Brieftasche
le porte-monnaie	Portemonnaie, Geldtasche, -beutel
porter	tragen *(Last, Kleidung)*
poser	setzen, stellen, (etw) (hin)legen
la position	Lage, Stellung, Position
posséder	besitzen, beherrschen *(Sprache)*
la possession	Besitz

possible (de + inf/**que** + subj**)**	möglich
le plus vite possible	*so schnell wie möglich*
la poste	Post, Postamt
le bureau de poste	*Postamt*
le poste	Posten *(mil);* Stelle; Gerät *(Radio)*
le pot [po]	Topf; Kanne
le pot à lait [poalɛ]	*Milchtopf*
la poule	Huhn, Henne
le poulet	Hühnchen, Hähnchen
pour/pour que + subj	für, um zu + *inf*/damit
pourquoi	warum, weshalb
pourquoi pas?	*warum nicht?*
poursuivre	verfolgen; fortfahren, -setzen
pourtant	trotzdem, dennoch, doch
pousser	stoßen, drücken, schieben
ne poussez pas comme ça	*drängeln Sie nicht so!*
les fleurs poussent	*die Blumen wachsen/sprießen*
pousser un cri	*einen Schrei ausstoßen*
la poussière	Staub
pouvoir	können, imstande sein
puis-je . . .?	*kann/darf ich . . .?*
il se peut que + subj	*es ist möglich, daß*
cela se peut	*das ist möglich*
le pouvoir	Können; Macht, Kraft, Gewalt
la prairie	Wiese, Weide
la précaution	Vorsicht, Vorsichtsmaßnahme
avec précaution	*vorsichtig, behutsam*
précéder (qn/qc)	vorangehen, -fahren
précieux, -euse	kostbar; geziert *(Stil)*
un métal précieux	*Edelmetall*
précipiter	(herab)stürzen; übereilen
se précipiter (sur)	*sich stürzen (auf); (sich be)eilen*
précis, e	genau, klar, präzise
précisément adv	*genau, gerade*
préférer (qc à qc)	vorziehen, lieber wollen
je préfère rester ici plutôt que (de) partir	*ich ziehe es vor, hier zu bleiben/bleibe lieber hier, als daß ich abreise*
le premier/la première	der/die erste
Napoléon Ier	*Napoleon I.*
le 1er mars	*der 1. März*
prendre	nehmen, fassen
elle prend une robe dans l'armoire/une tasse sur la table	*sie nimmt ein Kleid aus dem Schrank/eine Tasse vom Tisch*

prendre une mesure	*eine Maßnahme ergreifen*
prendre plaisir à	*Gefallen finden an*
prendre parti pour/contre	*Partei ergreifen für/gegen*
prendre un parti	*einen Entschluß fassen*
prendre garde (à)	*achtgeben, aufpassen (auf)*
prendre garde de + inf	*sich hüten vor, vermeiden*
prenez garde de tomber	*passen Sie auf, daß Sie nicht fallen*
prendre pour	*(irrtümlich) halten für*
la préparation	Vorbereitung
préparer qc/qn à qc	etw/jdn auf etw vorbereiten
il prépare un examen	*er bereitet (sich auf) ein Examen vor*
près	nahe, nahebei
de près	*aus/in der Nähe, von nahem*
près de	*in der Nähe von, bei*
la présence	Gegenwart, Anwesenheit
en présence de	*in Gegenwart von*
le présent	Gegenwart, Präsens; Geschenk
à présent	*gegenwärtig, jetzt*
présent, e	anwesend, zugegen; gegenwärtig
présenter	(an)bieten, vorzeigen, -stellen, -führen
je vous le présenterai	*ich werde ihn Ihnen vorstellen*
il se présente à moi	*er stellt sich mir vor*
le président	Präsident, Vorsitzender
presque	fast, beinahe
presser (de + inf)	pressen, drücken; drängen
prêt, e (à)	fertig, bereit (zu)
prétendre (à)	vorgeben, behaupten (wollen); Anspruch erheben (auf); streben (nach)
prêter	(aus)leihen, verleihen; gewähren
le prétexte	Vorwand
le prêtre	Priester
la preuve	Beweis, Zeugnis; Probe *(math)*
prévenir qc/qn (de)	verhüten; zuvorkommen/benachrichtigen (von), warnen
prévoir	vorhersehen, voraussagen
prier (qn de faire qc)	beten; bitten
je vous prie (= s'il vous plaît)	*ich bitte Sie darum, bitte!*
je vous en prie	*bitte!* (nach Dank)
le prince	Prinz, Fürst
principal (-aux), e	hauptsächlich, Haupt-
le principal (-aux)	Hauptsache
le principe	Ursprung; Prinzip, Grundsatz
le printemps	Frühling, Frühjahr
au printemps	*im Frühling*

le prix	Preis, Wert
demander le prix (de)	*nach dem Preis fragen*
probable adj	wahrscheinlich, vermutlich
prochain, e	nächste(r, s), kommende(r, s)
dimanche prochain	*(am) nächsten Sonntag*
la prochaine fois	*das nächste Mal, nächstes Mal*
produire	erzeugen, hervorbringen, -rufen
se produire	*sich ereignen, geschehen*
profiter (de)	Nutzen ziehen (aus), ausnutzen
il faut profiter du temps	*man muß die Zeit ausnutzen*
profond, e	tief, tiefgründig
le progrès	Fortschritt
le projet	Plan, Entwurf
prolonger	verlängern, ausdehnen
la promenade	Spaziergang, -fahrt, -weg
faire une promenade en auto/à bicyclette/à cheval	*eine Autofahrt/eine Radtour/einen Spazierritt machen*
se promener *cf.* promenade	spazierengehen, -fahren, -reiten
promettre (de faire) qc	versprechen
prononcer	aussprechen, *(Rede)* halten
à propos	im richtigen Augenblick; übrigens, was ich sagen wollte
proposer	vorschlagen, anbieten
se proposer de faire qc	*sich vornehmen, beabsichtigen zu*
propre (à)	*vorgest.* eigen; *nachgest.* sauber; passend, geeignet (zu)
au sens propre	*im eigentlichen Sinne*
c'est le mot propre	*das ist das passende Wort*
la propriété	Eigentum, (Land-)Besitz; Eigenart
protéger (de/contre)	(be)schützen (vor), verteidigen (gegen)
prouver	beweisen, zeigen
la province	Provinz
la provision	Vorrat, Vorratsbeschaffung
provoquer	herausfordern; hervorrufen
public [pyblik], **publique**	öffentlich, allgemein
puis [pɥi]	dann, darauf
puisque [pɥiskə]	da (ja), weil (doch)
la puissance	Macht, Gewalt, Kraft, Stärke
puissant, e	mächtig, stark, einflußreich
le puits [pɥi]	Brunnen, Grube, Schacht
punir (de/pour + inf**)**	(be)strafen (für/weil)
pur, e	rein, sauber, klar, hell
de l'eau pure	*reines/sauberes/klares Wasser*
c'est la pure vérité	*das ist die reine Wahrheit*

Q

le quai [ke]	Kai; Uferstraße; Bahnsteig
quai deux, voie trois	*Bahnsteig 2, Gleis 3*
la qualité	Eigenschaft; Qualität, Güte *(Ware)*
quand	wann? als, wenn
quand même	*trotzdem, dennoch*
quant à	was betrifft, bezüglich
quant à moi/à mon ami	*was mich/meinen Freund betrifft*
quarante	vierzig
le/la quarantième	*der/die vierzigste*
le quart	Viertel(liter/-pfund)
un quart d'heure	*eine Viertelstunde*
huit heures et (un) quart	*(ein) Viertel nach acht*
huit heures moins le/un	*(ein) Viertel vor acht*
le quartier *[quart*	Viertel *(Mond)*, Stadtviertel
quatorze	vierzehn
le/la quatorzième	*der/die vierzehnte*
quatre	vier
le/la quatrième	*der/die vierte*
quatre-vingts (soldats)	*achtzig (Soldaten)*
quatre-vingt-un [-vɛ̃ œ̃-]	*einundachtzig*
quatre-vingt-dix/onze, etc.	*neunzig/einundneunzig usw.*
que prn rel	den, die, das, welche(r, s); was
que . . .? prn int	*was . . .?*
que conj	*daß; als* nach Komparativ
que c'est beau!	*wie schön das ist!*
que de fleurs!	*wieviel Blumen!*
ne . . . que cf. *ne*	*nur; erst*
quel, le prn	welche(r, s)? was für (ein)?
quel temps!	*was für ein Wetter!*
quelle heure est-il?	*wie spät ist es?*
quelque/quelques prn	irgendein, etwas/einige, ein paar
quelque chose (de bon)	*etwas (Gutes)*
quelquefois	manchmal, gelegentlich
quelqu'un/e prn	irgendeine/r, -jemand
quelques-un(e)s	*einige, ein paar, manche*
la question	Frage
poser une question	*eine Frage stellen*
soulever une question	*eine Frage aufwerfen*
la queue	Schwanz; Stiel; Ende *(Zug)*
faire la queue	*Schlange stehen*
qui prn rel	der, die, das; welche(r, s); wer
qui? prn int	*wer? wen?*

quinze	fünfzehn
quinze jours	*vierzehn Tage*
le/la quinzième	*der/die fünfzehnte*
quitter	verlassen; aufgeben *(Dienst)*
quoi prn	was; was? was! wie!
il a de quoi vivre	*er hat das Nötige zum Leben*
à quoi bon pleurer?	*was nützt das Weinen?*

R

la race	Stamm, Geschlecht; Volk; Rasse
raconter qc	erzählen, berichten
la radio	Radio, Rundfunk
à la radio	*im Rundfunk*
un appareil/un poste de radio	*ein Rundfunk-, Radiogerät*
écouter la radio	*Rundfunk/Radio hören*
la raison	Vernunft; Grund, Ursache, Anlaß
avoir raison	*recht haben*
avec raison	*mit Recht*
perdre la raison	*den Verstand verlieren*
ramasser	aufheben; zusammenbringen
ramener [ramne]	zurückführen, heimbringen
ramener qn à la raison	*jdn wieder zur Vernunft bringen*
le rang	Reihe, Rang, Platz
ranger	aufstellen, -räumen, einreihen
ranger sa voiture	*seinen Wagen parken*
rapide	schnell; reißend; lebhaft
rappeler qn/qc à qn	jdn zurückrufen/an etw erinnern
se rappeler qn/qc	*sich an jdn/etw erinnern*
le rapport	Bericht; Beziehung, Verhältnis
par rapport à	*im Vergleich zu, in bezug auf*
rapporter	(zurück-, mit-, ein)bringen; berichten
rapprocher (de)	näher heranrücken (an); vergleichen (mit)
se rapprocher (de)	*sich nähern, sich näherkommen*
rare	selten, rar, knapp
raser	rasieren; streifen; *fam* langweilen
le rasoir	Rasiermesser, -apparat
rassurer	beruhigen
le rayon [rɛjõ, rejõ]	(Licht-)Strahl; Radius; Umkreis; Abteilung *(Kaufhaus)*; Regal
les rayons de/du soleil	*Sonnenstrahlen*

réaliser	verwirklichen, vollbringen
la réalité	Wirklichkeit, Tatsache
recevoir	empfangen, erhalten; aufnehmen
la recherche	Suche, (Nach-)Forschung
le récit	Bericht, Erzählung
réclamer (qc à qn)	fordern, beanspruchen
réclamer (auprès de) itr	*sich beschweren (bei)*
la récolte	Ernte
récolter	ernten; gewinnen
recommencer (à)	wieder beginnen/anfangen (zu)
reconnaître	(wieder)erkennen, anerkennen
recouvrir (de)	wieder bedecken, zu-, verdecken (mit)
le reçu	Quittung, Empfangsbescheinigung
recueillir [rəkœjiːr]	*fig* ernten; (im Hause) aufnehmen
reculer (devant) (avoir)	zurückfahren, -gehen, -weichen (vor)
redouter (de faire) qc	(be)fürchten, sich (sehr) fürchten vor
réduire (à)	verringern (auf); zwingen (zu)
réel, le	wirklich, tatsächlich
réfléchir (à/sur)	überlegen, nachdenken (über)
la réflexion	Überlegung; Spiegelung
se réfugier	(sich) flüchten, Zuflucht suchen
refuser	verweigern, ablehnen
il refuse de manger	*er weigert sich zu essen*
il lui a refusé à manger	*er hat ihm das Essen verweigert*
le regard	Blick; *pl* Aufmerksamkeit
jeter un regard sur qc	*einen Blick werfen auf*
regarder (comme)	anblicken, betrachten (als), halten (für)
le régime	Staatsform; Ordnung; Diät
la région	Gegend, Gebiet, Bereich
la règle	Regel, Vorschrift; Lineal
régler	regeln, erledigen; einstellen *(Radio)*
le regret	Bedauern; Reue
à mon grand regret	*zu meinem großen Bedauern*
à regret	*ungern*
regretter (de + inf/ **que** + subj**)**	bedauern, bereuen; *(schmerzlich)* vermissen
régulier, -ière	regel-, gleichmäßig, geordnet
rejoindre (qn/qc)	wieder zusammenfügen, -treffen, stoßen (auf, zu)
réjouir	erfreuen
se réjouir (de)	*sich freuen (über)*
relever	(wieder) hochheben, -ziehen *(Gardine)*, aufrichten; ablösen

religieux, -euse	religiös, fromm
la religion	Religion
remarquer	bemerken, erblicken, beobachten
faire remarquer qc à qn	*jdn auf etw aufmerksam machen*
remercier qn de/pour qc	jdm für etw danken
remettre	überbringen, -reichen, -geben; verschieben; wieder hinsetzen/-stellen/-legen/anziehen
remonter (à) (*itr* être/*tr* avoir)	wieder hinaufgehen, zurückgehen (auf) *(Zeit)*/etw hinaufbringen
remonter sa montre	*seine Uhr aufziehen*
remplacer	ersetzen, vertreten
remplir (de)	füllen (mit), er-, ausfüllen
remuer	sich bewegen; umrühren
remuer la queue	*mit dem Schwanz wedeln*
la rencontre	Treffen, Begegnung; Gefecht
rencontrer qn	treffen, begegnen
rendre	zurück-, wiedergeben, machen + *adj*
rendre possible	*möglich machen, ermöglichen*
se rendre	*sich begeben; sich ergeben*
renoncer (à)	verzichten (auf), aufgeben (etw)
rentrer (*itr* être/*tr* avoir)	zurückkommen, heimkehren/etw (ein-, hinein)bringen, -fahren
il est déjà rentré	*er ist schon nach Hause gekommen*
j'ai rentré le linge	*ich habe die Wäsche hereingebracht*
renverser qc	etw umwerfen, -kippen, -stürzen
répandre	verschütten, -gießen, -breiten
la réparation	Reparatur; Wiedergutmachung
réparer	reparieren; wiedergutmachen
repartir	wieder aufbrechen/abfahren
le repas	Mahl, Mahlzeit, Essen
répéter	wiederholen, proben *(theat)*
répondre (à)	(be)antworten (auf); entsprechen
la réponse	Antwort, Beantwortung, Erwiderung
le repos	Ruhe, Erholung; Schlaf
reposer	ruhen, liegen, begraben sein
se reposer	*(sich) ausruhen; sich erholen*
repousser	zurückstoßen, -treiben, -weisen
reprendre	wieder nehmen, zurücknehmen
représenter	vor-, darstellen, aufführen *(theat)*
la reprise	Wiedereinnahme, -beginn
à plusieurs reprises	*mehrmals, zu wiederholten Malen*
reprocher (qc à qn/à qn de faire qc)	vorwerfen, -halten

réserver	zurücklegen, -behalten; belegen *(Platz)*
se réserver (de)	*sich vorbehalten (zu)*
résister (à)	widerstehen, Widerstand leisten
résister à la chaleur	*hitzebeständig sein*
résoudre	entscheiden, beschließen; (auf)lösen
se résoudre à + inf/ *à ce que* + subj	*sich entscheiden, sich entschließen*
il a résolu de partir	*er hat beschlossen abzureisen*
il se résout (est résolu) à partir	*er entschließt sich (ist entschlossen) abzureisen*
le respect [rɛspɛ]	(Hoch-)Achtung, Respekt, Ehrfurcht
le respect de la loi	*Achtung vor dem Gesetz*
manquer de respect (à)	*sich respektlos benehmen (gegen)*
respirer	atmen, Luft holen
ressembler (à) [rəsɑ̃ble]	ähneln, gleichen
la ressource [rəsurs]	(Hilfs-)Mittel; *pl* Geldmittel
être sans ressources	*mittellos sein*
le restaurant	Restaurant, Lokal
le reste	(Über-)Rest; *pl* Trümmer
au/du reste	*übrigens, im übrigen*
rester (à + inf**)**	bleiben, übrig sein/bleiben
c'est tout ce qui reste à faire	*das ist alles, was noch zu tun bleibt*
rester assis/debout/couché	*sitzen/stehen/liegen bleiben*
le résultat	Resultat, Ergebnis
le retard	Verspätung, Verzögerung, Verzug
être en retard (de cinq minutes)	*(5 Minuten) zu spät kommen*
retarder (de) (avoir)	(um) *(Uhr)* verzögern, aufschieben; nachgehen
retenir	zurück-, dabehalten; sich merken; reservieren
retirer	(heraus-, zurück)ziehen, -nehmen; entziehen; abheben, -nehmen
se retirer	*sich zurückziehen*
retomber (sur)	(wieder) hin-, zurückfallen (auf)
le retour	Rückkehr, -fahrt, -sendung
retourner (*itr* être/*tr* avoir)	umdrehen, -kehren/zurückschicken
se retourner	*sich umdrehen*
la retraite	Rückzug; Ruhestand, -gehalt
retrouver	wiederfinden, -erkennen; treffen
la réunion (à)	Vereinigung (mit), Zusammenkunft
la réunion publique	*öffentliche Versammlung*
réunir (à)	(wieder)vereinigen; verbinden (mit); zusammenbringen

se réunir	*zusammenkommen, sich treffen*
réussir	gelingen, Erfolg haben
j'ai réussi à gagner	*es ist mir gelungen zu gewinnen*
réussir à un examen	*eine Prüfung bestehen*
le rêve	Traum
réveiller (qn/qc)	(er)wecken, wieder-, neubeleben
se réveiller	*aufwachen*
révéler	enthüllen, erkennen lassen, offenbaren
revenir	(wieder) zurückkommen, -kehren
rêver	träumen
revoir	wiedersehen, treffen; durchsehen
au revoir [ɔrvwa:r]*!*	*auf Wiedersehen!*
la révolution	Revolution
riche (en)	reich (an); kostbar
le rideau (-x)	Vorhang, Gardine
tirer le rideau	*Gardine auf- u. zuziehen*
lever/baisser le rideau	*Vorhang aufziehen/herunterlassen*
ridicule	lächerlich
rien	nichts; etwas
rien d'autre	*nichts anderes*
ne . . . rien cf. *ne*	*nichts*
rire (de)	lachen (über)
le rire	Lachen, Gelächter
risquer (de)	wagen; aufs Spiel setzen, Gefahr laufen (zu)
la rivière	Fluß, Nebenfluß
le riz [ri]	Reis
la robe	Kleid, Gewand
le roi	König
le rôle	Rolle *(theat)*, Verzeichnis
le rond	Kreis; (Servietten-)Ring
rond, e	rund
la rose	Rose
rose	rosa
la roue	Rad
rouge	rot
rougir (avoir)	rot werden, erröten
rouler (avoir)	*tr* rollen; *itr* fahren *(Auto)*
la route	(Land-)Straße, (Reise-)Weg
la grande route	*Hauptverkehrsstraße*
rude	rauh, grob, hart; mühsam
la rue	Straße *(in Ortschaft)*
il habite 10, rue Voltaire	*er wohnt (in der) Voltaire-Straße 10*

S

sa *cf.* son	
le sable	Sand
le sac	Sack; (Hand-)Tasche, Beutel
le sac à main	*Handtasche*
sacré, e	heilig, geweiht
le sacrifice	Opfer(gabe)
faire des sacrifices	*Opfer bringen*
sage	weise; artig
le saint	Heiliger
saint, e	heilig
saisir	ergreifen, packen, (er)fassen; beschlagnahmen
la saison	Jahreszeit
sale	schmutzig, dreckig; gemein
salir	beschmutzen, dreckig machen
la salle	Saal, großes Zimmer
la salle de bains/de classe/ à manger	*Bade-, Klassen-, Eßzimmer*
le salon	Empfangs-, Wohnzimmer
saluer	(be)grüßen
samedi/le samedi	Sonnabend, Samstag/sonnabends, samstags
le sang	Blut, Geblüt
sans	ohne, ohne zu
sans que + subj	*ohne daß*
sans rien dire	*ohne etwas zu sagen*
la santé	Gesundheit
à votre santé	*auf Ihr Wohl! Prosit!*
la satisfaction	Genugtuung; Zufriedenheit
à mon entière satisfaction	*zu meiner vollen Zufriedenheit*
sauter (avoir)	(über)springen; in die Luft fliegen
sauter de haut en bas	*von oben herunterspringen*
sauver	retten, in Sicherheit bringen
se sauver	*sich flüchten, davonlaufen*
savoir	wissen; können
il sait le français	*er kann Französisch*
je ne saurais vous le dire	*ich kann es Ihnen leider nicht sagen*
le savon	Seife
la scène	Szene, Bühne, Schauplatz
la scène est à Paris	*die Szene spielt in Paris*
la scène d'un crime	*der Schauplatz eines Verbrechens*
la scie	Säge

la science	Wissenschaft, (Er-)Kenntnis, Lehre
le sculpteur [skyltœ:r]	Bildhauer
la sculpture [skylty:r]	Bildhauerarbeit; Plastik
se/soi prn	sich, einander/*bei unbest. Subjekt*
le seau (-x)	Eimer, Kübel
sec, sèche [sɛk, sɛʃ]	trocken, dürr
sécher	(aus)trocknen
le/la second/e [s(ə)gõ]	der/die zweite
la seconde [s(ə)gõ:d]	Sekunde
secouer	schütteln, erschüttern
le secours	Hilfe, Unterstützung
venir au secours de qn	*jdm zu Hilfe eilen*
le secret	Geheimnis
garder/révéler un secret	*ein Geheimnis wahren/verraten*
le seigneur	(Lehns-, Guts-)Herr
le Seigneur	*der Herr, Gott*
Notre Seigneur	*unser Herr, Jesus Christus*
le sein	Busen, Schoß, Innerstes
au sein de (la famille)	*im Kreise/inmitten (der Familie)*
seize	sechzehn
le/la seizième	*der/die sechzehnte*
le sel	Salz
selon	gemäß, entsprechend, nach
selon moi	*meines Erachtens*
la semaine	Woche
semblable (à)	ähnlich; gleich + *Dat.*, derartig
sembler	scheinen
il semble qu'il ait raison	*es scheint, daß er recht hat*
il me semble qu'il a raison	*mir scheint, daß er recht hat*
il semble dormir	*er scheint zu schlafen*
semer	säen; verbreiten *(Schrecken)*
le sens [sɑ̃:s]	Sinn, Bedeutung; Richtung
le bon sens	*gesunder Menschenverstand*
les cinq sens	*fünf Sinne*
le sens unique	*Einbahnstraße*
le sentiment	Gefühl, Eindruck; Meinung
sentir	fühlen, (be)merken; riechen
sentir bon/mauvais inv	*gut/schlecht riechen*
séparer	trennen, entzweien
sept [sɛt]	sieben
le/la septième [sɛtjɛm]	*der/die siebente*
septembre m [sɛptɑ̃:br]	September
la série	Serie, Reihe, Satz
sérieux, -euse	ernst(haft); zuverlässig

le serpent	Schlange
serrer	(zusammen)drücken, -pressen
le service	Dienst(stelle), Bedienung; Tafelgeschirr
être de service	*Dienst haben*
être au service de qn	*in jds Dienst stehen*
rendre service à qn	*jdm einen Dienst erweisen*
la serviette *[de toilette*	Serviette; Aktentasche
la serviette (de table)]	*Serviette, Mund-/Handtuch*
servir qn/qc	(be)dienen/servieren
servir de/à	*dienen als/zu*
il a bien servi son pays	*er hat seinem Land gut gedient*
cela lui sert de prétexte	*das dient ihm als Vorwand*
cette machine sert à écrire	*diese Maschine dient zum Schreiben*
se servir (de qc/de qn)	*sich (einer Sache/jds) bedienen*
servez-vous	*bedienen Sie sich!*
seul, e	einzig, allein, bloß
un seul homme	*ein einziger Mann*
un homme seul	*ein alleinstehender/einsamer Mann*
seul cet homme/cet homme seul pouvait nous aider	*allein/nur dieser Mann konnte uns helfen*
lui seul . . .	*nur er, er allein . . .*
la seule pensée de . . .	*der bloße/allein der Gedanke an . . .*
seulement	nur, erst
si conj	wenn, falls; ob
si adv	so *Gradadv*; ja, doch *beteuernd*
le siècle	Jahrhundert; Zeitalter
le siège	(Sitz-)Platz, Sitz; Belagerung
le sien/la sienne prn	sein, ihr; der/die/das seinige/ihrige
est-ce ton chapeau ou le sien?	*ist das dein Hut oder seiner/ihrer?*
le signe	Kenn-, Anzeichen, Zeichen
il lui a fait un signe	*er hat ihm ein Zeichen gegeben*
il lui a fait signe de venir	*er winkte ihm zu kommen*
signer	unterschreiben, -zeichnen
signifier	bedeuten, heißen; mitteilen
le silence	Schweigen, Stille, Ruhe
silencieux, -euse	still, ruhig, schweigsam
simple	einfach, schlicht; einfältig
simplement	*einfach, bloß, nur*
singulier, -ière	einzigartig, seltsam, sonderbar
sinon conj	wenn nicht, sonst, andernfalls
la situation	Lage, Stellung, Verhältnisse
six [sis, si, siz]	sechs
le/la sixième [sizjɛm]	*der/die sechste*

la société	Gesellschaft, Vereinigung
la sœur	Schwester
la soie	Seide
la soif	Durst
avoir soif/très soif	*Durst/großen Durst haben*
soigner (qn/qc)	pflegen; sorgen (für)
le soin	Sorgfalt; *pl* Pflege
avec soin	*sorgfältig*
le soir	Abend *(Zeitpunkt)*
le/un soir	*abends, am Abend/eines Abends*
à cinq heures du soir	*um 5 Uhr nachmittags*
la soirée	Abend *(Zeitdauer)*, -gesellschaft
soit . . . soit [swa] conj	entweder ... oder, sei es ... sei es
soixante [swasɑ̃:t]	sechzig
soixante-dix/et onze/-douze	*siebzig/einundsiebzig/zweiundsiebzig*
le sol	(Erd-)Boden, Erde, Land
le soldat	Soldat
le soleil	Sonne
il fait (du) soleil	*die Sonne scheint*
au soleil	*in der Sonne, im Sonnenschein*
solide	fest, stark, kräftig; haltbar
sombre	düster, dunkel, finster
la somme	Summe, Betrag
le sommeil	Schlaf, Müdigkeit
avoir sommeil	*müde/schläfrig sein*
son, sa/ses prn poss	sein/e, ihr/e
songer (à)	denken (an); überlegen
sonner	klingeln, läuten; klingen
on sonne	*es klingelt*
huit heures sonnent	*es schlägt acht (Uhr)*
le sort	Los, Schicksal
la sorte	Sorte, Art, Weise
toutes sortes de	*alle möglichen, allerlei*
de la sorte	*so, auf diese Weise*
en quelque sorte	*gewissermaßen, sozusagen*
de sorte que + subj/ind	*so daß* (Absicht/Tatsache)
la sortie	Ausgang, -fahrt, -reise
sortir (de) (*itr* être/*tr* avoir)	hinausgehen, -fahren, -kommen/herausnehmen, -fahren (aus)
il est sorti	*er ist hinausgegangen*
elle a sorti sa voiture	*sie hat ihren Wagen herausgefahren*
le sou (-s)	Sou *(5 Centimes)*
le souci	Sorge, Unruhe

soudain, e adj/adv	plötzlich, unerwartet
le souffle	Atem(zug), Hauch
souffler	blasen, hauchen; vorsagen *(Schule)*
souffrir (de)	leiden (an/unter); (er)dulden
il souffre de la faim/soif	*er leidet unter Hunger/Durst*
il ne peut (pas) me souffrir	*er kann mich nicht ausstehen*
souhaiter (que + subj)	wünschen, herbeisehnen
je souhaite revenir/de revenir avant la nuit	*ich wünsche, vor Einbruch der Nacht zurückzukommen*
je vous souhaite de revenir avant la nuit	*ich wünsche Ihnen, daß Sie vor Einbruch der Nacht zurückkommen*
soulever	auf-, hochheben, aufwirbeln
soulever une question	*eine Frage aufwerfen*
se soulever contre	*sich erheben gegen*
soumettre	unter-, niederwerfen; unterbreiten
la soupe	Suppe
la source	Quelle; Ursprung; Ursache
sourd, e (à/de)	taub (gegen/auf); dumpf
sourire (de)	lächeln (über), zulächeln
le sourire	Lächeln
sous	unter
soutenir	unterstützen, -halten; behaupten
se souvenir (de)	sich erinnern (an)/entsinnen
le souvenir	Erinnerung; Reiseandenken
souvent	oft
spécial (-aux), e	besonderer, Sonder-, Spezial-
le spectacle	Anblick, Schauspiel, Vorstellung
le sport	Sport; *pl* Sportarten
faire du sport	*Sport treiben*
la statue	Statue, Standbild
subir *(des pertes)*	erdulden, *(Verluste)* erleiden
subir un examen	*ein Examen ablegen/machen*
subir une peine	*eine Strafe verbüßen*
le succès	Erfolg
avec/sans succès	*erfolgreich/erfolglos*
le sucre	Zucker
le sud [syd]	Süden
au sud (de)	*südlich (von), im Süden* (Richtung)
suffire	genügen, ausreichen
cela suffit	*das langt/genügt/reicht*
il ne suffit pas de vouloir le bien	*es genügt nicht, das Gute (nur) zu wollen*
il suffit à/pour faire ce travail	*er reicht aus, um diese Arbeit zu tun*

la suite	Fortsetzung, (Reihen-)Folge
à la suite de	*nach, infolge*
suivant, e	folgend, nachstehend
suivre (qn/qc)	folgen; entlanggehen; teilnehmen (an)
suivre un conseil	*einen Rat befolgen*
le sujet	Untertan; Thema; Grund; Subjekt
au sujet de	*über, bezüglich*
sans sujet	*ohne Grund, grundlos*
supérieur, e (à)	höher (als); oberer; überlegen
supplier (de)	inständig bitten, anflehen (zu)
supporter (que + subj)	ertragen, aushalten, dulden
supposer	annehmen, vermuten; voraussetzen
supposez que ce soit vrai	*nehmen Sie einmal an, das sei wahr*
je suppose qu'il est malade	*ich nehme an, daß er krank ist*
sur	auf; über; an
sûr, e	sicher, gewiß, zuverlässig
j'en suis sûr	*ich bin dessen gewiß*
surprendre	überraschen, ertappen, erwischen
la surprise	Überraschung, Erstaunen
surtout	vor allem, besonders
suspendre (à)	aufhängen (an); unterbrechen
suspendre un cours	*einen Kursus unterbrechen*
le système	System, Plan; Regierungsform

T

ta *cf.* ton	
le tabac [taba]	Tabak
la table	Tisch; Essen; Verzeichnis
mettre/dresser la table	*den Tisch decken*
se mettre à table	*sich zu Tisch setzen*
la table de nuit/de toilette	*der Nachttisch/Toiletten-, Frisiertisch*
la table des matières	*Inhaltsverzeichnis*
le tableau (-x)	Bild; (Wand-)Tafel; Darstellung
tâcher (de)	versuchen, sich bemühen (zu)
la taille	Schneiden; Körpergröße; Taille
de grande/haute taille	*von hohem Wuchs, sehr groß*
tailler	(zu-, be)schneiden, -hauen
tailler un crayon	*einen Bleistift (an)spitzen*
le tailleur	Schneider
taire qc	etw verschweigen
se taire (sur qc)	*schweigen (über etw)*

tandis que conj [tɑ̃dikə]	während, wohingegen
tant	so, so sehr, soviel
il a tant de livres que ...	*er hat so viele Bücher, daß ...*
tant mieux/pis	*um so besser/schlimmer*
tant que conj	*soweit, solange*
tantôt	bald, gleich, eben erst
tantôt ... tantôt	*bald ... bald*
le tapis	Teppich, Matte
tard adv	spät
tarder (à faire qc)	auf sich warten lassen; zögern
il me tarde de partir/ qu'il parte	*ich kann es nicht erwarten, bis ich abreise/bis er abreist*
le tas	Haufen, Menge
la tasse	Tasse
une tasse à/de café	*eine Kaffeetasse/Tasse Kaffee*
te prn	dir, dich
tel, le	solch, so ein, derartig
M. Un tel/Mme Une telle	*Herr/Frau Soundso*
tel quel, telle quelle	*so wie es ist, unverändert*
le télégramme	Telegramm
télégraphier	telegraphieren
le téléphone *[phone à qn*	Telefon
donner un coup de télé-	*jdn anrufen*
téléphoner (à qn)	telefonieren (mit), (jdn) anrufen
la télévision	Fernsehen
tellement adv	so, derartig
le temps [tɑ̃]	Zeit; Wetter; Tempus
à temps	*rechtzeitig*
en même temps	*gleichzeitig*
de temps en temps	*von Zeit zu Zeit, hin und wieder*
tendre (à)	reichen, streben (nach); spannen
tendre la main à qn	*jdm die Hand reichen*
tendre adj	zart, weich, mürbe; zärtlich
la tendresse	Zärtlichkeit, (zärtliche) Liebe
tenir (de)	(fest)halten; haben (von)
tenir à	*Wert legen auf*
se tenir	*sich halten, sich festhalten*
je le tiens pour un voleur	*ich halte ihn für einen Dieb*
s'en tenir à	*bleiben bei, nicht ablassen wollen von*
tiens (tenez)	*da! sieh mal an! hör mal zu!*
la tente	Zelt
tenter (de faire) qc	versuchen; reizen
le terme	Ende, Ziel; (Fach-)Ausdruck
arriver au terme de son voyage	*an das Ziel seiner Reise kommen*

terminer	beenden
se terminer (par)	*enden (auf)*
le terrain	Boden, Grundstück, Gelände
la terre	Erde, Land(gut); *pl* Ländereien
à/par terre	*auf dem/den Boden, zu Boden*
la terreur	Schrecken
terrible	schrecklich, furchtbar
la tête	Kopf, Haupt; Kopfende; Spitze
le thé	Tee
le théâtre	Theater; Bühne
le tien/la tienne prn	deins; der/die/das deinige
le tiers [tjɛːr]	Drittel, Dritter
le timbre(-poste)	Briefmarke, Marke
tirer	ziehen; schießen
tirer au sort	*losen, auslosen*
se tirer d'affaire	*sich aus der Affäre ziehen*
le tissu	Stoff, Gewebe
le titre	Titel, Anrede; Rechtstitel
toi prn	du, dir, dich
la toile	Leinwand, Leinen; Gemälde
la toilette	Toilette *(Handlung);* Kleidung
faire sa toilette	*sich waschen und kämmen*
faire toilette	*sich (schön) anziehen*
le toit	Dach
tomber	fallen, (ab)stürzen
tomber malade	*krank werden*
ton, ta/tes prn	dein/e
le ton	Ton; Benehmen; Farbton
le tonnerre	Donner
un coup de tonnerre	*ein Donner(schlag)*
le tort	Unrecht; Nachteil; Verschulden
avoir tort	*unrecht haben*
faire tort à qn	*jdm Unrecht tun*
tôt	früh, bald
toucher	anfassen, berühren; grenzen (an); [rühren, ergreifen
les enfants touchent à tout	*Kinder fassen alles an*
il touche 900 F par mois	*er bezieht monatlich 900 F*
toujours	immer, stets; immer noch
le tour	Umdrehung; Rundgang, Fahrt, Tour
tour à tour	*abwechselnd*
chacun à son tour	*der Reihe nach, einer nach dem an- [deren*
à qui (est) le tour?	*wer ist dran/an der Reihe?*
c'est mon (ton, son) tour	*ich bin (du bist, er ist) an der Reihe/dran* fam

il lui a joué un mauvais tour	*er hat ihm einen üblen Streich gespielt*
faire le tour de qc	*um etw herumgehen, -fahren*
tourner (avoir)	(sich) drehen, (sich) wenden
tourner la page	*umblättern*
le vent a tourné	*der Wind hat sich gedreht*
tournez à droite/à gauche	*biegen Sie rechts/links ab*
tourner la difficulté	*die Schwierigkeit umgehen*
tousser	husten
tout, e/tous, toutes adj	ganz, all, jeder/alle
tout adv	*ganz, völlig*
tous [tus] /*toutes* m/f subst	*alle* subst
tous (les) deux	*alle beide*
tous les jours/les mois, etc.	*alle Tage/Monate usw.*
tout de même	*trotzdem; immerhin*
du tout!	*keineswegs! durchaus nicht!*
pas/rien du tout	*überhaupt nicht/nichts*
avant tout	*vor allem, besonders*
voilà tout	*das ist alles*
tout d'abord	*zuallererst*
tout à coup	*plötzlich*
tout d'un coup	*mit einem Schlag*
tout à fait	*vollständig, ganz und gar*
tout à l'heure	*(so)eben, gerade, gleich, bald*
tout de suite [tutsɥit]	*sofort, sogleich*
tout le monde	*jedermann, alle*
toutefois	indessen, dennoch, jedoch, immerhin
la trace	Spur, Fährte
la tradition	Tradition, Überlieferung
le train	Zug
être en train de	*im Begriff/dabei sein, zu*
traîner	ziehen, schleppen, schleifen *(am Boden);* herumliegen
se traîner	*sich mühsam dahinschleppen*
le trait	Strich; (Charakter-)Zug, Merkmal
le trait d'union	*Bindestrich*
d'un seul trait	*in einem Zuge*
le traité	Vertrag, Abkommen; Abhandlung
traiter	(be-, ver)handeln, darlegen
traiter en (ami)	*behandeln als (einen Freund)*
traiter de (fou)	*bezeichnen als (einen Narren)*
ce livre traite de l'histoire ancienne	*dieses Buch behandelt die alte Geschichte*
traiter de la paix	*über den Frieden verhandeln*
tranquille [trɑ̃kil]	ruhig, still, friedlich

transformer	verwandeln, umwandeln, -formen
le travail (-aux)	Arbeit, Werk; Mühe
travailler	(be-, durch-, ver)arbeiten
le travailleur/adj	Arbeiter, Werktätiger/*adj* arbeitsam
à travers (qc)	quer durch/über
traverser	durchqueren, -fahren, -reisen
traverser la rue	*über die Straße gehen*
treize	dreizehn
le/la treizième	*der/die dreizehnte*
trembler (de)	zittern (vor)
il tremble de froid	*er zittert vor Kälte*
trente	dreißig
le/la trentième	*der/die dreißigste*
très (vor adj/adv)	sehr; stark
le tribunal (-aux)	Gericht, Gerichtshof
le tricot	Strickarbeit, -jacke
tricoter	stricken
triste (de)	traurig, betrübt (über); düster
la tristesse	Traurigkeit, Trauer, Betrübtheit
trois	drei
le/la troisième	*der/die dritte*
tromper	täuschen, betrügen
se tromper (sur qn)	*sich irren / täuschen (in jdm)*
se tromper de porte/de route, de chemin	*sich in der Tür/im Weg irren*
trop (de)	zuviel, zu sehr, zu + *adj*
trop de travail	*zuviel Arbeit*
trop grand/trop peu	*zu groß/zu wenig*
le trou (-s)	Loch; Nest *(kleiner Ort)*
le trouble	Verwirrung, Aufregung; *pl* Unruhen
trouble adj	trübe, unklar, unrein
troubler	stören, trüben, verwirren
trouver	finden, *allg* (an)treffen
se trouver/bien	*sich (be)finden/wohl fühlen*
tu prn	du
tuer	töten, erschlagen, umbringen
le type	Typ, Muster; *fam* Kerl

U

un/une	ein/e; eins
le/la vingt/trente et unième, etc. in Zssg.	*der/die einundzwanzigste/einunddreißigste usw.*

l'union f	Zusammenschluß, Vereinigung
l'union fait la force	*Einigkeit macht stark*
unique	einzig(artig), unvergleichlich
il est enfant unique	*er ist Einzelkind*
c'est son unique idée	*das ist sein einziger Gedanke*
l'unité f	Einheit
l'usage m	Brauch; Anwendung, Benutzung
c'est l'usage en France	*das ist in Frankreich Sitte/üblich*
faire bon usage de qc	*etw gut verwenden*
usé, e	verbraucht, abgenutzt, -getragen
user (de qc)	(etw) anwenden, gebrauchen
user (qc)	*(etw) verbrauchen, abnutzen*
il a usé de son droit (pour ...)	*er hat von seinem Recht Gebrauch gemacht, (um ...)*
il a usé d'un prétexte (pour ...)	*er hat einen Vorwand benutzt, (um ...)*
l'usine f	Fabrik, Werk
utile	nützlich, brauchbar
cela peut vous être utile	*das kann für Sie nützlich sein*

V

les vacances f	Ferien, Urlaub
partir en vacances	*in die Ferien reisen*
faire un voyage de vacances	*eine Ferienreise machen*
la vache	Kuh
vague [vag]	unklar, -bestimmt, verschwommen
vain, e	vergeblich, unnütz
en vain	*umsonst, vergeblich*
la valeur	Wert, Bedeutung, Wichtigkeit
de valeur	*wertvoll*
la valise	(Hand-)Koffer
la vallée	Tal
valoir	wert sein, gelten
cela ne vaut rien	*das ist nichts wert*
cela vaut la peine (de)	*es ist der Mühe wert/lohnt sich (zu)*
cela vaut mieux (que rien)	*das ist besser (als nichts)*
il vaut mieux se taire que (de) parler	*es ist besser zu schweigen als zu sprechen*
la vapeur	Dampf, Dunst
le vapeur	Dampfer
vaste	weit, ausgedehnt, umfangreich
le veau (-x)	Kalb, Kalbfleisch

la veille	Vorabend; Wache; schlaflose Nacht; am Vorabend, am Tage vorher
à la veille de notre départ	*kurz/unmittelbar vor unserer Abreise*
veiller	wachen, aufbleiben
veiller à ce que + subj	*darauf achten/dafür sorgen, daß*
vendre	verkaufen
vendre cher inv	*teuer verkaufen*
vendredi/le vendredi	Freitag/freitags
venir (de)	(her)kommen (von)
il vient jouer avec nous	*er kommt, um mit uns zu spielen*
faire venir	*kommen lassen*
il vient de partir	*er ist soeben/gerade weggegangen*
en venir (à)	*so weit gehen/greifen (zu)*
le vent	Wind
le ventre	Bauch, Leib
véritable	wahr, wahrhaft, echt
la vérité	Wahrheit; Wirklichkeit
le verre	Glas
le verre à/de vin	*das Weinglas/Glas Wein*
vers	in Richtung auf/nach; gegen *(zeitl.)*
verser	(aus-, ver)schütten; eingießen
vert, e	grün
la vertu	Tugend
la veste	Jacke, Jackett
le vêtement	Kleidungsstück, Kleidung
la viande	Fleisch *(zum Essen)*
la victime	Opfer *(Mensch/Tier)*
la victoire	Sieg
vide	leer
vider	leeren *allg*
la vie	Leben; Lebensunterhalt
vieux, vieil, vieille (vieux, vieilles) [vjø, vjɛj]	alt
le vieux/la vieille	der/die Alte
vif, vive [vif, vi:v]	lebendig, lebhaft, rege, hitzig
un froid vif	*eine scharfe Kälte*
la vigne	Rebe, Weinstock, -berg
le village	Dorf
le village de (Domremy)	*das Dorf (Domremy)*
la ville	Stadt
la ville de (Paris)	*die Stadt (Paris)*
le vin	Wein *(Getränk)*
vingt [vɛ̃]	zwanzig
vingt et un [vɛ̃teœ̃]	*einundzwanzig*

vingt-deux [vɛ̃tdø]	*zweiundzwanzig*
le/la vingtième	*der/die zwanzigste*
la violence	Gewalt, Heftigkeit
violent, e	gewaltig, heftig, stark
le visage	Gesicht, Gesichtsausdruck
la visite	Besuch, Besichtigung
faire une/rendre visite à qn	*jdn besuchen*
visiter	besuchen *(Kranke);* besichtigen
vite	schnell, rasch
la vitesse	Schnelligkeit, Geschwindigkeit
à toute vitesse	*in aller Eile; mit voller Geschwindigkeit*
vivant, e	lebendig, lebend, lebhaft
les langues vivantes	*moderne, lebende Sprachen*
vivre (de)	leben (von)
vive(nt) les vacances!	*es/hoch leben die Ferien!*
vive la France!	*es lebe Frankreich!*
voici	hier ist, hier sind
me / la / les voici	*hier bin ich/ist sie/sind sie*
la voie	Weg, Straße, Fahrbahn; Gleis
voilà	da ist, da sind
la/nous voilà cf. *voici*	*da ist sie/sind wir*
voilà tout	*das ist alles*
voir	sehen
voir de ses (propres) yeux	*mit eigenen Augen sehen*
faire voir qc	*etw sehen lassen, zeigen*
voyez s'il est déjà là	*sehen Sie nach, ob er schon da ist!*
voyons!	*nun! aber! wie kann man nur! laß(t) mal sehen!*
le voisin/la voisine	Nachbar/in
voisin, e (de)	benachbart, Nachbar-
la voiture	Wagen, Auto, Fuhrwerk
monter en/descendre de voiture	*einsteigen/aussteigen*
aller en voiture	*im/mit dem Auto fahren*
une voiture d'enfant/de sport	*Kinderwagen/Sportwagen*
la voix	Stimme, Wahlstimme
parler à voix basse	*leise sprechen*
parler à haute voix	*laut sprechen*
voler	fliegen; stehlen
le voleur/la voleuse	Dieb/in
le volontaire	Freiwilliger
volontaire	freiwillig; eigenwillig

la volonté	Wille
votre/vos prn	euer/eure, Ihr/e
vouloir	wollen
je veux bien faire ce travail	*ich bin bereit/willens, diese Arbeit zu machen*
je voudrais bien vous aider	*ich möchte Ihnen gern helfen*
que veut dire ce mot?	*was bedeutet dieses Wort?*
qu'est-ce qu'il veut dire?	*was meint er (eigentlich)?*
je veux qu'il s'en aille	*ich will, daß er fortgeht*
il lui en veut d'être parti	*er ist ihm böse, weil er weggegangen ist*
que voulez-vous?	*was wollen Sie? es ist nun einmal so, ich kann nichts dafür*
vous prn	ihr, Sie; euch, Ihnen
le voyage [vwaja:ʒ]	Reise, Fahrt
faire un voyage à Paris/ à l'étranger/en France	*eine Reise nach Paris/ins Ausland/ nach Frankreich machen*
voyager [vwajaʒe] (avoir)	reisen
le voyageur/la voyageuse	Reisender/Reisende, Fahrgast
vrai, e [vrɛ]	wahr, echt, wirklich
à vrai dire/à dire vrai	*offen gestanden, eigentlich*
vraiment	wahrhaftig, wirklich
la vue	(An-, Aus-)Sicht, -blick
à perte de vue	*so weit das Auge reicht*
à première vue	*bei flüchtiger Betrachtung*
à la vue de	*beim Anblick* + Gen.
connaître qn de vue	*jdn vom Sehen kennen*

W

le wagon [vagõ]	Waggon, Eisenbahn-, Güterwagen

Y

y	da(hin, -rin, -ran); dort(hin)
il y a	*es gibt/ist/sind*
les yeux m [jø] *cf.* œil	Augen
aux/devant/sous les yeux	*vor Augen*
aux yeux de qn	*nach Ansicht von*
de ses propres yeux	*mit eigenen Augen*

Z

zéro/le zéro	null/Null
j'ai zéro faute	*ich habe null Fehler*

Der Aufbauwortschatz

I. Quantität

1. Zahlen (cf. 68)

Grundwortschatz: chiffre, compte, différence, fois, moitié, nombre, opération, partie, reste, résultat, somme — principaux nombres de 0 à 100; mille, million, milliard — centaine, dizaine, millier — ajouter, augmenter, composer, compter, diminuer, rester — simple, double, demi, tiers, quart — différent, égal, entier, faux, juste, nombreux, unique — moins, plus.

le total	Gesamtbetrag, Summe
la fraction	Bruch
le produit	Produkt, Ertrag
le numéro	Nummer, Größe
le calcul	Rechnen, Berechnung
l'addition f	Addition, Zusammenzählen
la division	Division, Teilung
le problème	Problem; (Mathematik-)Aufgabe
la virgule	Komma
le nombre entier	ganze Zahl
le nombre cardinal/ordinal	Grund-/Ordnungszahl
la paire	Paar *(Sachen)*
une douzaine (de)	(etwa) zwölf, ein Dutzend
une quinzaine (de)	(etwa) fünfzehn; 14 Tage
consister (en, dans)	bestehen (in, aus)
diviser (par)	teilen (durch), dividieren
calculer	(aus-, be)rechnen
total, e	gesamt, vollständig, Gesamt-
(im)pair, e	(un)gerade
(in)défini, e	(un)bestimmt
exact [ɛgza(kt)], **e**	genau, exakt, richtig

Sätze und Redewendungen: *quel est le tiers / quelle est la moitié de...?* wieviel ist ein Drittel / die Hälfte von ...? — *combien font...?* wieviel ist / sind...? — *deux et trois égalent / font cinq* 2 + 3 = 5; *dix moins quatre égale / font six* 10 — 4 = 6; *sept fois huit égale / font cinquante-six* 7 × 8 = 56; *cinquante divisé par dix égale / font cinq* 50 : 10 = 5; *c'est exact/juste* das stimmt / ist richtig — *il s'est trompé en comptant/en calculant* er hat sich verzählt/verrechnet —

il a fait une erreur de calcul er hat einen Rechenfehler gemacht / sich verrechnet — *trois quarts* $^3/_4$ — *quatre cinquièmes* $^4/_5$ — *trois virgule cinq* drei Komma fünf, 3,5 — *venir par centaines/milliers* zu Hunderten/Tausenden kommen — *un et demi* eineinhalb, anderthalb — *deux kilos et demi* $2^1/_2$ kg — *la moitié de la classe* die halbe Klasse — *une demi-douzaine (de)* ein halbes Dutzend — *à deux/trois* zu zweit/dritt — *une paire de chaussures* ein Paar Schuhe — *un couple* ein Paar *(Mann und Frau)* — *quelques livres* ein paar Bücher.

2. Maße, Ausmaße und Gewichte

Grundwortschatz: degré, distance, espace, hauteur, kilo(gramme), kilomètre, litre, livre *f*, mesure, mètre, poids, système — comparer, mesurer, peser, prolonger — bas, court, énorme, épais, étroit, fin, grand, gros, haut, immense, large, léger, long, lourd, mince, petit, profond, vaste — fort, seulement, surtout, tellement, tout, très.

la longueur	Länge
la largeur	Breite
la profondeur	Tiefe
la surface	Fläche, Oberfläche
le volume	Rauminhalt, Volumen
la mesure de longueur/de surface/de volume	Längen-/Flächen-/Raummaß
le gramme	Gramm
le quintal	Zentner
le centimètre	Zentimeter
le millimètre	Millimeter
la lieue	Meile *(4 km)*, Wegstunde
le mille (marin/anglais)	(See-/englische) Meile
le mètre carré	Quadratmeter
le litre	Liter
calculer	berechnen
diviser (en)	teilen (in)
être divisé, e (en)	zerfallen (in)
carré, e	quadratisch, Quadrat-
plat, e	flach, platt

Sätze und Redewendungen: *quelle est la largeur de...?* wie breit ist...? — *il a trois mètres de large/long/haut/profondeur* er ist 3 m breit/lang/hoch/tief — *à mesure que nous avançons* je nachdem / in dem Maße, wie wir weiterkommen.

3. Mengenangaben

Grundwortschatz: bouteille, ensemble, foule, goutte, groupe, masse, morceau, paquet, part, partie, pièce, reste, sac, seau, série, tas, tasse, verre — ajouter, augmenter, dépasser, diminuer, manquer, réduire, remplir, suffire — assez, autant, beaucoup, bien, combien, davantage, encore, peu, la plupart, plus, presque, tant, trop — aucun, chacun, chaque, complet, considérable, entier, moindre, nombreux, nul, personne, plein, plusieurs, quelque, rien, tout, vide — absolument, complètement, entièrement.

la quantité	Quantität, Menge
la proportion	Proportion, Verhältnis
la division	(Ab-, Auf-, Ein-)Teilung, Division
le mélange	Mischung, Gemisch
le rien	Kleinigkeit
le vide	Hohl-, Zwischenraum, Leere
combler (de)	zuschütten *(Graben);* überhäufen (mit *Ehren*); erfüllen *(Wünsche)*
priver qn de qc	jdm etw entziehen, jdn um etw bringen
contribuer (à)	beitragen, beisteuern (zu)
croître (en)	zunehmen (an), wachsen
accroître	vergrößern, steigern
abaisser	senken, vermindern, herabsetzen
épuiser	erschöpfen, ver-, aufbrauchen
assembler, rassembler	versammeln, zusammensetzen, -stellen
amasser	an-, aufhäufen, zusammentragen
suffisant, e/suffisamment	genügend, ausreichend
nullement	keineswegs, in keiner Weise
entièrement	völlig, ganz und gar
extrêmement	äußerst, höchst
fortement	erheblich, sehr kräftig
légèrement	leicht, ein bißchen
gravement	erheblich; schwer *(krank)*
profondément	tief, gründlich, äußerst

Sätze und Redewendungen: *quelque peu* ein wenig — *tout au plus* höchstens — *en quantité* in Menge, haufenweise — *par petites quantités* in kleinen Mengen — *en proportion de ...* im Verhältnis, je nachdem ... — *avoir suffisamment de qc* genug haben, mit etw. auskommen.

II. Zeit

4. Zeitpunkt, Zeitraum

Grundwortschatz: âge, avenir, bout, commencement, début, époque, fin, fois, jeunesse, passé, présent, retard, temps, vacances — attendre, cesser, commencer, continuer, durer, s'empresser, s'enfuir, finir, fuir, hâter, interrompre, passer, presser, prolonger, recommencer, remettre, tarder, terminer — ancien, éternel, moderne, nouveau, présent, prêt, rare, vieux — d'abord, alors, après, aussitôt, autrefois, d'avance, avant, bientôt, brusquement, déjà, depuis, dès, dès lors, désormais, encore, enfin, ensuite, immédiatement, jadis, jamais, jusque-là, longtemps, lors, maintenant, parfois, puis, quand, quelquefois, soudain, souvent, tantôt, tard, tôt, tout à coup, tout d'un coup, tout de suite.

la période	Periode, Zeitabschnitt, -raum
l'enfance f	Kindheit, Kindesalter
la vieillesse	(Greisen-, hohes) Alter
l'ouverture f	Eröffnung, Beginn
la hâte	Hast, Eile
s'écouler	verstreichen, -rinnen, -fließen
se remettre (à)	wieder anfangen/beginnen
actuel, le/actuellement	gegenwärtig, augenblicklich
passé, e	vergangen
futur, e	künftig, zukünftig
récent, e/récemment	neu/neulich, vor kurzem
brusque	plötzlich, unerwartet, brüsk
original, e	original, ursprünglich, Ur-
bref [brɛf], **brève**	kurz (gesagt/ausgedrückt)
immédiat, e	unmittelbar, sofortig
subit, e/subitement	plötzlich
sur-le-champ	auf der Stelle, sofort
antique	antik, alt(modisch)
primitif, -ve	primitiv, ursprünglich, einfach
auparavant	vorher, zuvor

Sätze und Redewendungen: *à l'avenir* in Zukunft, künftig — *à l'heure actuelle* gegenwärtig — *en un clin d'œil* im Augenblick, im Nu — *de tout temps* von jeher — *de temps à autre* von Zeit zu Zeit, hin und wieder — *tout le temps (fam)* immer — *avoir le temps de faire qc* Zeit haben, etw. zu tun — *je n'ai pas le temps (de)* ich habe keine Zeit (zu) — *il est (grand) temps (de)* es ist höchste Zeit . . . — *à la fin* am Ende, schließlich — *il était/il y avait une fois . . .* es war einmal... — *être pressé, e* in Eile sein, es eilig haben, keine Zeit haben — *en attendant* inzwischen, einstweilen — *en attendant que + subj.* bis — *sans cesse* unaufhörlich — *jamais de la vie* niemals, im (ganzen) Leben nicht — *à bientôt* bis gleich, auf baldiges Wiedersehen!

5. Kalender

Grundwortschatz: an, année, août, automne, avril, décembre, dimanche, été, février, hiver, janvier, jeudi, jour, juillet, juin, lendemain, lundi, mai, mardi, mars, mercredi, mois, novembre, nuit, octobre, printemps, saison, samedi, semaine, septembre, siècle, veille, vendredi — aujourd'hui, avant-hier, demain, hier, toujours.

le calendrier	Kalender
la date	Datum
l'anniversaire m	Geburts-, Jahrestag
la quinzaine	14 Tage
le Nouvel An	Neujahr
Pâques sing m	Ostern
la Pentecôte	Pfingsten
la (fête de) Noël, Noël m	Weihnachten
après-demain	übermorgen

Sätze und Redewendungen: *quel jour (de la semaine) sommes-nous aujourd'hui?* welchen (Wochen-)Tag haben wir heute? — *le combien sommes-nous aujourd'hui?* der wievielte ist/den wievielten haben wir heute? — *aujourd'hui nous sommes le 16 mai 1963* heute ist der/haben wir den 16. Mai 1963.
dimanche passé vergangenen/letzten Sonntag — *la semaine passée* vergangene/letzte Woche, in der vergangenen/letzten Woche — *(de) demain/lundi en huit/quinze* morgen/Montag in 8/14 Tagen — *de jour en jour* von Tag zu Tag — *au XXe siècle* im 20. Jahrhundert — *à Pâques/la Pentecôte/(la) Noël* zu Ostern/Pfingsten/Weihnachten — *Pâques est arrivé* Ostern ist gekommen/da — aber f pl: *joyeuses Pâques* fröhliche Ostern! — *joyeux Noël* fröhliche Weihnachten! — *le lundi, le mardi, etc.* montags, dienstags usw. — *à la mi-janvier/mi-février, etc.* Mitte Januar, Februar usw.

6. Uhrzeit, Uhr

Grundwortschatz: après-midi, demi-heure, heure, instant, journée, matin, midi, minuit, minute, moment, montre, quart, retard, soir, soirée, terme — arrêter, indiquer, marcher, régler, remonter, retarder, sonner — demi, lent, précis, rapide.

l'horloge f	(öffentliche) Uhr, Turmuhr
la pendule	Pendel-, Stand-, Wanduhr
la cloche	Glocke, Klingel *(Schule)*
le clocher	Glocken-, Kirchturm
le réveil	Wecker; Auf-, Erwachen
le réveille-matin inv	Wecker
l'aiguille [egɥij] f	Zeiger
la petite/grande aiguille	Stunden-/Minutenzeiger
la seconde	Sekunde
la matinée	Vormittag, Morgen *(Dauer)*
passé, e	vergangen, vorbei

Sätze und Redewendungen: *cet après-midi, hier/demain après-midi* heute/gestern/morgen nachmittag — *cette nuit* heute nacht — *une nuit* eines Nachts, in einer Nacht — *un jour/un soir* eines Tages, einst/ eines Abends — *le matin/l'après-midi/la nuit* am Morgen, morgens/am Nachmittag, nachmittags/in der Nacht, nachts — *à midi* mittags, um 12 Uhr mittags — *(aujourd'hui) à midi* heute mittag — *de grand/bon matin* am frühen Morgen, in aller Frühe — *dans la matinée* im Laufe des Vormittags — *(aujourd'hui) dans la matinée* heute vormittag — *pendant toute la journée* den ganzen Tag lang/über — *pendant des heures/des semaines, etc./quelque temps* stunden-/wochenlang usw./eine Zeitlang — *du matin au soir* von morgens bis abends, von früh bis spät.

à quelle heure viendrez-vous? wann/um welche Zeit werden Sie kommen? — *à dix heures et demie/à midi (minuit) et demi* um $^1/_2$11/$^1/_2$1 Uhr mittags (nachts) — *il est trois heures juste/précises* es ist Punkt 3 (Uhr) — *il est trois heures dix/vingt/vingt-neuf* es ist 10/20 Minuten nach 3/ 1 Minute vor $^1/_2$4 — *il est six heures moins cinq/vingt* es ist 5 Minuten/ 20 Minuten vor 6 (Uhr) — *cinq heures viennent de sonner* es hat gerade 5 (Uhr) geschlagen — *il est dix heures passées* es ist 10 Uhr durch/ vorbei.

deux heures de suite zwei Stunden hintereinander — *regarder l'heure (à sa montre)* nach der Uhr sehen — *à ma montre, il est cinq heures* nach meiner Uhr ist es fünf — *j'ai réglé ma montre sur l'horloge de la gare* ich habe meine Uhr nach der Bahnhofsuhr gestellt — *avancer/retarder sa montre (de 5 minutes)* seine Uhr (5 Minuten) vor-/nachstellen — *la montre avance/retarde (de 3 minutes)* die Uhr geht (3 Minuten) vor/nach — *avez-vous l'heure (exacte)?* haben Sie die genaue Zeit? — *mettre sa montre à l'heure/son réveil à sept heures* seine Uhr stellen/seinen Wecker auf sieben (Uhr) stellen — *être à l'heure* richtig gehen (Uhr), pünktlich sein — *à cette heure* im Augenblick, im Moment — *au moment où* in dem Augenblick, als.

III. Weltall

7. Himmel und Weltall

Grundwortschatz: ciel, éclat, espace, est, étoile, horizon, lumière, lune, matière, monde, nature, nord, ouest, rayon, soleil, sud — apparaître, se coucher, éclairer, se lever, paraître, tourner — brillant, immense, immobile, infini, lointain, naturel.

la clarté	Helligkeit, Licht, Glanz
l'obscurité f	Dunkelheit, Finsternis
le reflet	Reflex, Widerschein, Glanz
le phénomène	Phänomen, (Natur-)Erscheinung
l'arc-en-ciel m **(arcs-en-ciel)**	Regenbogen
le point cardinal	Himmelsrichtung
le midi	Süden
briller	scheinen, strahlen, leuchten
luire	leuchten, schimmern
éblouir	blenden
s'éteindre	erlöschen, aus-, vergehen
croître	wachsen, zunehmen
décroître	abnehmen
se mouvoir	sich bewegen, in Bewegung sein
éclatant, e	hell leuchtend, strahlend
(in)visible	(un)sichtbar
proche	nahe
physique	physikalisch, natürlich

Sätze und Redewendungen: *au lever du jour/du soleil* bei Tagesanbruch/Sonnenaufgang — *au coucher du soleil* bei Sonnenuntergang — *à la tombée de la nuit* bei Einbruch der Nacht — *le jour se lève* der Tag bricht an — *les jours augmentent/diminuent* die Tage nehmen zu/ab, werden länger/kürzer — *la lune croît/décroît* der Mond nimmt zu/ab, es ist zu-/abnehmender Mond — *dormir à la belle étoile* im Freien/unter freiem Himmel schlafen — *travailler en plein air* [plɛnɛ:r] draußen/im Freien arbeiten.

8. Wetter

Grundwortschatz: air, brouillard, chaleur, degré, éclair, froid, glace, goutte, neige, orage, pluie, temps, tonnerre, vent — changer, chauffer, éclater, fondre, mouiller, pleuvoir, souffler, tomber — beau, chaud, clair, frais, froid, humide, lourd, mauvais, sec, sombre, violent.

la température	Temperatur
le thermomètre	Thermometer
le baromètre	Barometer
le climat	Klima
le nuage	Wolke
la tempête	Sturm, Unwetter
la foudre	Blitz(schlag)
la fraîcheur	Frische, Kühle
la gelée	Frost
la gelée blanche	(Rauh-)Reif
la grêle	Hagel
frissonner (de)	frösteln, zittern (vor), erschauern
geler	ge-, zu-, ein-, erfrieren *(itr)*
il gèle	*es friert*
neiger	schneien
il neige	*es schneit*
gonfler	aufblasen, anschwellen lassen
tremper	durchnässen, einweichen
gronder	grollen *(Donner)*
jaillir [ʒaji:r]	zucken *(Blitz)*

Sätze und Redewendungen: *le baromètre a monté/baissé* das Barometer ist gestiegen/gefallen — *c'est signe de beau temps/de pluie* das ist ein (Vor-)Zeichen für schönes Wetter/für Regen — *le thermomètre marque dix degrés au-dessous/au-dessus de zéro* das Thermometer zeigt 10° unter/über Null — *il fait moins dix* es sind minus 10°.
il fait sec es ist trocken(es Wetter) — *il fait du vent/des éclairs* es ist windig/es blitzt — *la foudre tombe sur un arbre* der Blitz schlägt in einen Baum ein — *le temps est à la pluie* es sieht nach Regen aus — *il pleut à verse* es regnet/gießt in Strömen — *être trempé jusqu'aux os* bis auf die Haut naß/durchnäßt sein — *le temps va changer* das Wetter ändert sich.
prendre l'air frische Luft schöpfen, Luft schnappen — *il fait bon ici* hier ist es angenehm (warm/kühl) — *par tous les temps* bei jedem Wetter — *après la pluie, le beau temps* auf Regen folgt Sonnenschein.

9. Erd- und Länderkunde

Grundwortschatz: bois, bord, campagne, champ, chemin, côte, courant, cours, désert, eau, forêt, frontière, gorge, habitant, hauteur, horizon, lac, lit, mer, montagne, pays, pierre, plaine, port, province, quartier, région, rivière, route, sable, source, vallée, village, ville, voie, vue — couler, couvrir, élever, entourer, former, séparer, trembler — bas, calme, clair, courant, haut, plat, pur.

le continent	Kontinent, Erdteil; Festland
la colonie	Kolonie
la métropole	Mutterland, europ. Frankreich
la capitale	Hauptstadt
la population	Bevölkerung
le paysage	Landschaft
le parc [park]	Park
la barrière	Barriere, Schranke, Hindernis
le fossé	Graben
la pente	(Ab-)Hang, Böschung, Gefälle
la colline	Hügel
le mont	Berg *(meist mit Namen)*
la chaîne de montagnes	Gebirgskette
le plateau	Plateau, Hochebene
le sommet	Gipfel, Spitze, höchster Punkt
le bloc [blɔk]	Block, Klumpen
le rocher	Fels(en), Klippe
la chute d'eau	Wasserfall
le ruisseau	Bach
le torrent	Gieß-, Wildbach
le fleuve	Fluß, Strom
le cours supérieur	Oberlauf
le cours inférieur	Unterlauf
l'embouchure f	Mündung
l'océan m	Ozean, Weltmeer
la vague	Welle, Woge
le flot	Flut, Strom
la baie	Bai, Bucht
le bassin	Bassin, (Hafen-)Becken
l'île f	Insel
la plage	Strand
être situé, e (sur)	liegen, gelegen sein (an)
barrer	(ver)sperren
se dresser	sich erheben, emporragen, stehen
se dessiner (sur)	sich abzeichnen (an, auf, gegen)
se détacher (sur)	sich abheben (von, gegen)
se jeter (dans)	münden, sich ergießen (in)
enfler	anschwellen lassen *(Fluß)*
jaillir [ʒaji:r] itr	hervorsprudeln, emporschießen
s'étendre	sich erstrecken
raide	steil, jäh *(Hang)*
trouble	trübe, schmutzig *(Wasser)*
outre- in Zssg.	jenseits

Sätze und Redewendungen: *en plein océan* mitten im Ozean — *vivre dans une île* auf einer Insel leben — *outre-Atlantique/-Manche/-Rhin* jenseits des Atlantik/des Ärmelkanals/des Rheins — *outre-mer* jenseits des Meeres, in Übersee — *d'outre-mer* überseeisch, Übersee- — *les pays/le commerce d'outre-mer* Überseeländer/-handel.

Ländernamen

l'Europe f	Europa	**européen, ne**	
l'Allemagne f	Deutschland	**allemand, e**	**Berlin**
l'Angleterre f	England	**anglais, e**	**Londres**
l'Autriche f	Österreich	**autrichien, ne**	**Vienne**
la Belgique	Belgien	**belge**	**Bruxelles** [bry(k)sɛ:l]
l'Espagne f	Spanien	**espagnol, e**	**Madrid**
la France	Frankreich	**français, e**	**Paris**
l'Italie f	Italien	**italien, ne**	**Rome**
l'URSS/ L'U.R.S.S. (l'Union des républiques socialistes soviétiques)	Sowjetrußland	**soviétique**	**Moscou**
la Suisse	Schweiz	**suisse**	**Berne**
l'Afrique f	Afrika	**africain, e**	
l'Asie f	Asien	**asiatique**	
la Chine	China	**chinois, e**	**Pékin**
le Japon	Japan	**japonais, e**	**Tokyo**
l'Amérique f	Amerika	**américain, e**	
les États-Unis	Vereinigte Staaten	**américain, e**	**Washington**
l'Australie f	Australien	**australien, ne**	**Canberra**

Merke: *l'allemand* m Deutsch, die deutsche Sprache — *le français* Französisch, die französische Sprache usw. — *un livre français/anglais* ein französisches/englisches Buch (Herkunft: aus Frankreich/England) — *un livre de français/d'anglais* ein Französisch-/Englischbuch (Sprache: Lehrbuch der französischen/englischen Sprache) — *un professeur de français* ein Französischlehrer.

Geographische Bezeichnungen

l'Alsace f	Elsaß	**alsacien, ne**
la Bourgogne	Burgund	**bourguignon, ne**
la (les) Flandre(s)	Flandern	**flamand, e**
la Lorraine	Lothringen	**lorrain, e**

la Manche	Ärmelkanal	
la Méditerranée	Mittelmeer	
l'(océan) Atlantique m	Atlantischer Ozean, Atlantik	
la Meuse	Maas	
la Moselle	Mosel	
le Rhin	Rhein	
le Rhône	Rhone	
les Alpes f	Alpen	
les Pyrénées f	Pyrenäen	
les Vosges [vo:ʒ] f	Vogesen	
Dunkerque	Dünkirchen	**dunkerquois,e**
Nice	Nizza	**niçois, e**
Paris	Paris	**parisien, ne**

10. Raum, Lage im Raum

Grundwortschatz: bas, bord, bout, centre, coin, côté, devant, direction, distance, endroit, espace, face, fin, fond, front, frontière, lieu, milieu, pied, place, point, position, situation — dépasser, éloigner, mettre, occuper, pencher, poser, remettre, répandre, traverser — bas, droit, extérieur, extrême, gauche, haut, inférieur, intérieur, lointain, supérieur, vaste, voisin — ailleurs, auprès, autour, dedans, dehors, au-delà de, derrière, dessous, dessus, devant, à droite, ici, là(-bas/-dedans/-dessous/-dessus/-haut), loin, où, nulle part, partout, à travers.

l'étendue f	Ausdehnung, Größe
la surface	Oberfläche, Flächeninhalt
le vide	Leere, Vakuum, luftleerer Raum
l'extrémité f	(äußerstes) Ende, Endpunkt
la limite	Grenze
le voisinage	Nachbarschaft, Nähe
la solitude	Einsamkeit, Abgelegenheit
la base	Grundlage, Basis, Ausgangspunkt
le haut	Höhe, oberer (höherer) Teil
le dessous	Unterteil, untere Seite
le dessus	Oberteil, obere Seite
la portée	Reichweite
s'étendre	sich erstrecken, ausbreiten
(se) placer	(sich) stellen, setzen
renfermer	ein-, wegschließen
étendu, e	ausgedehnt, weitläufig, umfangreich

proche	nahe
central, e	zentral, im Mittelpunkt liegend
(in)défini, e	(un)bestimmt
direct [dirɛkt]	direkt, unmittelbar
directement	auf direktem Wege
autre/quelque part	anderswo(hin)/irgendwo(hin)
à l'intérieur/extérieur	(dr)innen/(dr)außen
au haut de	oben auf/in
au bas de	unten an, am unteren Ende + *Gen.*
au fond de	unten, in der Tiefe + *Gen.*
par-dessus	über, darüber
par-dessous	unter, darunter
outre- in Zssg.	jenseits, über ... hinaus

Sätze und Redewendungen: *mesurer une surface* eine Fläche ausmessen — *pourquoi restez-vous dehors?* warum bleiben Sie draußen? — *à deux pas d'ici* ganz nah, in der Nähe — *au pied des Pyrénées* am Fuße der Pyrenäen — *à portée de la main* greifbar, zur Hand — *être à la base* zugrunde liegen — *prendre pour base* zugrunde legen — *par-ci, par-là* hier und da.

IV. Mensch

11. Körper

Grundwortschatz: barbe, bouche, bras, cheveu, cœur, corps, côte, cou, dent, derrière, doigt, dos, épaule, face, figure, front, genou, gorge, jambe, joue, langue, lèvre, main, membre, nez, œil/yeux, ongle, oreille, os, peau, pied, poil, poing, poitrine, sang, sein, souffle, tête, ventre, visage — blanc, bleu, blond, droit, faible, fin, fort, gauche, gras, gros, humain, maigre, noir, nu.

le coude	Ellbogen
l'estomac [ɛstɔma] m	Magen
le menton	Kinn
le pouce	Daumen; große Zehe
le muscle	Muskel
la chair	(lebendes) Fleisch
le cerveau	Gehirn, Großhirn
l'organe m	Organ; Stimme
la sueur	Schweiß
robuste, vigoureux, -euse	kräftig, stark
masculin, e	männlich

féminin, e	weiblich
roux, rousse	rotblond, rothaarig
brun, e	braun, dunkelhaarig

Sätze und Redewendungen: *de la tête aux pieds/des pieds à la tête* von Kopf bis Fuß — *à la sueur de son front* im Schweiße seines Angesichts — *en chair et en os* leibhaftig, wie er leibt und lebt — *mettre les/ses coudes sur la table* sich aufstützen.

12. Aussehen und Bewegungen (cf. 61/62)

Grundwortschatz: air, apparence, aspect, attitude, beauté, calme, charme, chute, coup, force, geste, grâce, marche, pas, signe, taille, trait — aller, approcher, appuyer, arrêter, s'asseoir, être assis, avancer, baisser, battre, cacher, être debout, dresser, étendre, éviter, glisser, se hâter, incliner, lever, manger, marcher, pencher, plier, ramasser, reculer, se rendre, renverser, respirer, retirer, retourner, secouer, souffler, soulever, tendre, tourner — adroit, agréable, aimable, beau, calme, charmant, commun, doux, droit, faible, fin, fort, frais, joli, laid, lourd, pâle, sombre, tranquille, vif.

la mine	Aussehen, Miene, Gesichtsausdruck
la physionomie	Physiognomie, Gesichtsausdruck
le physique	Konstitution, Äußeres
l'allure f	Verhalten, Aussehen
la faiblesse	Schwäche
la course	Lauf, Rennen, Gang, Besorgung
le choc	(Zusammen-)Stoß, Aufprall
balancer	baumeln lassen, wackeln *(Beine, Kopf)*
se baisser	sich bücken
s'étendre	sich hinlegen
se dépêcher	sich beeilen
se dresser	sich aufrichten, -stellen, erheben
pâlir (avoir)	(v)erblassen, blaß werden
actif, -ve	aktiv, tatkräftig, handelnd
moyen [mwajɛ̃], **ne**	mittelmäßig, durchschnittlich
souriant, e	lächelnd, freundlich
gracieux, -euse	graziös, anmutig, lieblich

Sätze und Redewendungen: *cela m'a frappé/sauté aux yeux* das ist mir aufgefallen — *en apparence* scheinbar — *selon toute apparence* allem Anschein nach, anscheinend — *contre toute apparence* gegen alle Wahrscheinlichkeit — *il ne faut pas se fier aux apparences* der Schein trügt — *il arriva en courant* er kam angelaufen — *hâter le pas* schneller gehen — *ne te penche pas par la fenêtre* lehne dich nicht aus dem Fenster! — *les cheveux se dressent sur la tête* die Haare sträuben sich/stehen zu Berge — *il lui a tourné le dos* er hat ihm den Rücken gekehrt — *hausser les épaules* die Achseln zucken — *tenir la tête droite* den Kopf gerade/aufrecht halten — *faire un signe de tête* nicken — *faire signe à qn* jdm zuwinken.

13. Sinne

Grundwortschatz: aspect, bruit, chaleur, douleur, goût, impression, lumière, lunettes, odeur, œil/yeux, oreille, regard, sens, voix, vue — apercevoir, considérer, dégager, distinguer, écouter, entendre, éprouver, observer, regarder, remarquer, saisir, sentir, toucher — agréable, amer, aveugle, bon, chaud, délicat, doux, dur, frais, froid, humide, mauvais, mou, muet, sec, sourd.

Farben cf. 70.

la vue	Gesicht(ssinn), Sehkraft, -vermögen
le contact [kõtakt]	Kontakt, Berührung
le toucher	Tast-, Gefühlssinn, Anfühlen
la sensation	Empfindung, Gefühl
la clarté	Helligkeit, Licht
l'observation f	Beobachtung
le son	Ton, Laut, Klang
le parfum	Parfüm, Duft, Wohlgeruch
l'organe m	(Sinnes-)Organ
goûter	schmecken, kosten, probieren
entrevoir	flüchtig sehen
contempler	betrachten, (an-, be)schauen
noter	sich merken, notieren
visible (à)	sichtbar, wahrnehmbar (für)
invisible	unsichtbar, verborgen
délicieux, -euse	köstlich, angenehm
désagréable	unangenehm, widerwärtig
aigre	sauer geworden; kreischend *(Stimme)*
aigu, aiguë [egy]	durchdringend, gellend, schrill
monotone	monoton, eintönig, gleichförmig
douloureux, -euse	schmerzhaft
sensible	spürbar, erheblich
lisse	glatt, eben

Sätze und Redewendungen: *avoir bon goût, être bon* gut schmekken — *sentir le café* nach Kaffee riechen — *avoir le nez fin (fig)* eine gute Nase haben — *avoir du nez/bon nez* eine feine Nase haben — *avoir l'oreille fine* ein gutes Gehör haben — *faire la sourde oreille* sich taub stellen, nichts hören wollen — *être doux/dur au toucher* sich weich/hart anfühlen — *perdre qn de vue* jdn aus den Augen verlieren — *chercher qn des yeux* sich *(hilfesuchend)* nach jdm umsehen — *regarder autour de soi* sich *(ängstlich/mißtrauisch)* umsehen — *parler à mi-voix* halblaut sprechen.

14. Leben und Tod

Grundwortschatz: cimetière, existence, mort, souffle, victime, vie — enterrer, étouffer, être, exister, grandir, mourir, naître, pendre, respirer, tuer, vivre — humain, mort, obscur, vivant.

la naissance	Geburt; Anfang, Ausgangspunkt
l'enterrement m	Beerdigung, Bestattung, Begräbnis
le tombeau	Grab(mal, -stätte)
la tombe	Grabstein, Grab, Ruhestätte
le cercueil [sɛrkœj]	Sarg
se suicider	Selbstmord verüben, sich das Leben nehmen
noyer/se noyer (par accident)	ertränken/ertrinken *(durch Unfall)*
(s')empoisonner	(sich) vergiften

Sätze und Redewendungen: *à sa naissance* bei seiner Geburt — *le/au jour de sa naissance* am Tage seiner Geburt — *depuis sa naissance* von Geburt an — *aller à l'enterrement* zur Beerdigung gehen — *le tombeau du Soldat inconnu* das Grabmal des Unbekannten Soldaten — *déposer des fleurs sur une tombe* Blumen auf ein Grab legen.

15. Gesundheit, Krankheit, Heilung

Grundwortschatz: accident, chute, connaissance, coton, docteur, douleur, état, fièvre, folie, hôpital, infirmier, lunettes, mal, malade, maladie, médecin, médicament, opération, pansement, pharmacien, régime, sang, santé, soin — aller, blesser, calmer, casser, cesser, cracher, débarrasser, défendre, examiner, fairemal, guérir, ordonner, plaindre, recommander, sauver, soigner, souffrir, subir, supporter, tomber malade, tousser, traiter — délicat, fatigué, fou, gras, grave, maigre, malade, pâle, violent.

le bien-être	Wohlbefinden, -behagen
l'affection f	Erkrankung, Krankheit
la blessure	Wunde, Verwundung, Verletzung
la souffrance	Leid(en), Schmerz
la plainte	Klage(n)
l'attaque f	Anfall
l'accès m	Anfall, Anwandlung
la crise	Krise, Krisis, Wende(punkt)
la circulation du sang	Blutkreislauf
la perte de sang	Blutverlust
la transmission	Übertragung, Ansteckung; Vererbung
la rage	Tollwut; Wut
la goutte	Gicht; Tropfen *(Medizin)*
le rhume	Schnupfen, Erkältung, Katarrh
le poison	Gift
le fou/la folle	Irre/r, Geisteskranke/r
le bulletin de santé	Krankheitsbericht
le bulletin de maladie	Krankenschein
le remède	Heilmittel, Arznei, Mittel
la pharmacie	Apotheke
le service de nuit	Nachtdienst
se porter	sich befinden, gehen *(gesundheitlich)*
fatiguer	angreifen, ermüden
s'évanouir	ohnmächtig werden, in Ohnmacht fallen
négliger	vernachlässigen
abuser de qc	etw mißbrauchen
ébranler	zerrütten, erschüttern
ruiner	untergraben, ruinieren
nuire (à)	schaden, schädigen
circuler	kreisen, zirkulieren *(Blut)*
transmettre	übertragen *(Krankheit)*
enfler	anschwellen
irriter	reizen, angreifen
consulter	konsultieren, zu Rate ziehen *(Arzt)*
prendre	einnehmen *(Medizin)*
avaler	schlucken
agir	wirken *(Medikament)*
sain, e	gesund *a. fig*
bien portant, e	gesund, wohlauf
sain et sauf	wohlbehalten, unversehrt
sauf, sauve	unverletzt, unbeschädigt

gravement malade	schwer/ernstlich (er)krank(t)
douloureux, -euse	schmerzhaft
cruel, le	grausam
malin, maligne	bösartig *(Krankheit)*
critique	kritisch, ernst, entscheidend

Sätze und Redewendungen: *comment vous portez-vous?* wie geht es Ihnen? — *je me porte bien/mal* mir geht es gut/schlecht — *comme ci comme ça* soso lala — *je suis à bout de forces* ich bin am Ende meiner Kraft — *je n'en peux plus* ich kann nicht mehr — *être en bonne santé* gesund/bei guter Gesundheit sein — *avoir une santé de fer* eine eiserne Gesundheit haben — *être d'une santé délicate* von schwacher Gesundheit sein — *s'en tirer/avoir (eu) la vie sauve* mit dem Leben davonkommen/davongekommen sein.

attraper une maladie/un rhume de cerveau/un rhume de poitrine sich eine Krankheit/einen Schnupfen/einen Husten holen — *se casser le bras/la jambe* sich den Arm/das Bein brechen — *subir une opération* sich einer Operation unterziehen — *perdre connaissance, s'évanouir* ohnmächtig werden — *reprendre connaissance* wieder zu sich kommen, das Bewußtsein wiedererlangen — *le mal de tête/de dents/de gorge/de ventre* Kopf-/Zahn-/Hals-/Leibschmerz(en) — *avoir mal aux dents/au ventre* Zahn-/Leibschmerzen haben — *avoir/faire de la température* Fieber/Temperatur haben.

avoir/prendre soin de qc für etw Sorge tragen — *aller chercher/envoyer chercher le médecin (le docteur)* den Arzt holen/holen lassen — *combattre un mal* eine Krankheit bekämpfen — *mettre qn au régime* jdn auf Diät setzen — *suivre un régime* Diät halten/leben — *reprendre des forces* wieder zu Kräften kommen — *les marques d'une blessure* die Spuren einer Verletzung — *être complètement rétabli* völlig wiederhergestellt sein.

V. Seelen- und Gefühlsleben (cf. 22)

16. Gute Eigenschaften, Tugenden

Grundwortschatz: attention, caractère, cœur, conscience, courage, douceur, honneur, intelligence, pitié, qualité, respect, sacrifice, soin, valeur, vertu, (bonne) volonté — aider, mériter, obéir, pardonner, remercier, renoncer — aimable, bon, brave, délicat, digne, doux, fidèle, fier, gentil, honnête, intelligent, juste, moral, noble, parfait, poli, propre, pur, sage, sérieux, simple, sûr, tranquille — bien, parfaitement.

le don	Gabe, Fähigkeit, Talent
la faculté	Fähigkeit, Gabe, Eigenschaft
la sympathie [sɛ̃pati]	Mitgefühl, Teilnahme
la bonté	Güte, Freundlichkeit
le dévouement (à, pour)	Aufopferung, Hingebung (für)
le mérite	Verdienst, Wert, Tüchtigkeit
la reconnaissance	Dankbarkeit, Anerkennung [*(Kind)*
la sagesse	Weisheit, Klugheit; Folgsamkeit
la simplicité	Einfach-, Schlichtheit, Natürlichkeit
la réserve	Zurückhaltung, Reserve
la politesse	Höflichkeit, Zuvorkommenheit
la patience [pasjɑ̃:s]	Geduld, Ausdauer
la prudence	Vor-, Umsicht
l'économie f	Sparsamkeit, Maßhalten
la fierté	Stolz
s'appliquer (à)	sich bemühen, sich anstrengen
respecter (qc)	achten, Rücksicht nehmen (auf)
sacrifier	opfern, zum Opfer bringen
attentif, -ve (à)	aufmerksam, bedacht (auf)
appliqué, e	fleißig, strebsam
raisonnable	vernünftig, verständig
franc, franche	freimütig, offen
sincère	aufrichtig, treu
modeste	bescheiden, einfach, anspruchslos
humble	schlicht, einfach, demütig
respectueux, -euse	ehrerbietig, respektvoll
courageux, -euse	mutig, tapfer
'hardi, e	kühn, wagemutig, unerschrocken
héroïque	heldenhaft, heroisch
prudent, e	vor-, umsichtig
généreux, -euse	großmütig, -zügig, freigebig
idéal, e/idéals, idéaux	ideal, vollkommen
remarquable	bedeutend, bemerkenswert
exact [ɛgza(kt)], **e**	genau, sorgfältig, zuverlässig
correct [kɔr(r)ɛkt], **e**	korrekt, tadellos
convenable	anständig, von gutem Benehmen
innocent, e	unschuldig, naiv; harmlos
spirituel, le	geistreich, witzig
soigneusement	sorgfältig, umsichtig

Sätze und Redewendungen: *à mon égard, envers moi* mir gegenüber, gegen mich — *il est bon pour moi* er ist gut zu mir — *ayez la bonté de* ... haben Sie die Güte und ... — *avoir bon cœur/caractère*

ein gutes Herz/einen guten Charakter haben — *donner le bon exemple* mit gutem Beispiel vorangehen — *un jeune homme comme il faut* ein anständiger/ordentlicher junger Mann — *des gens comme il faut* anständige/ordentliche Leute — *un homme d'honneur tient toujours (sa) parole* ein Ehrenmann hält immer Wort.
ne perdez pas patience verlieren Sie nicht die Geduld! — *dites-le franchement* sagen Sie es frei heraus/ganz offen — *témoigner son respect/sa sympathie* seine Achtung bezeigen/Teilnahme aussprechen — *agir avec prudence* überlegt/umsichtig handeln — *savoir (bon) gré de qc à qn* jdm für etw dankbar/zu Dank verpflichtet sein.

17. Fehler, Laster

Grundwortschatz: colère, curiosité, défaut, envie, faute, hauteur, mensonge, orgueil, violence — commettre, dérober, disputer, mentir, se moquer, tromper, voler — coupable, curieux, dur, faible, faux, fier, furieux, mauvais, méchant, ridicule, rude, sale, violent, vif — mal.

la faiblesse	Schwäche, Nachgiebigkeit
l'injustice f	Ungerechtigkeit, Unrecht
la vanité	Eitelkeit, Einbildung
l'ambition f	Ehrgeiz
le mépris	Verachtung, Geringschätzung
l'impatience [ɛ̃pasjɑ̃:s] f	Ungeduld
la joie maligne	Schadenfreude
le vice	Laster, Unzulänglichkeit
l'excès m	Maßlosigkeit, Ausschweifung, Exzeß
la vengeance	Rache
la revanche	Vergeltung, Rache, Revanche
la querelle	Streit, Zank
abuser qn	jdn täuschen
abuser de qn/de qc	jdn/etw ausnutzen, mißbrauchen
négliger	vernachlässigen
flatter qn	jdm schmeicheln
soupçonner qn	jdn verdächtigen
fâcher qn	jdn kränken, ärgern
se fâcher (de qc/contre qn)	sich ärgern, aufregen (über etw/jdn)
nuire (à)	schaden, schädigen
faire tort (à)	schaden, Unrecht tun/zufügen
venger	rächen
se venger de qc sur qn	sich an jdm für etw rächen
empoisonner	vergiften, verderben

jaloux, -ouse (de)	eifersüchtig; ängstlich bedacht (auf)
indifférent, e (à)	gleichgültig, teilnahmslos (gegen)
injuste	ungerecht
lâche	feige, niederträchtig, gemein
paresseux, -euse	faul, träge
'honteux, -euse	schändlich
orgueilleux [ɔrgœjø], **-euse (de)**	stolz, hochmütig, dünkelhaft
vaniteux, -euse	eitel
suffisant, e	dünkelhaft, selbstgefällig
'hardi, e	dreist, unverschämt, frech
brutal, e	brutal, rücksichtslos, grob
cruel, le	grausam, unmenschlich
sauvage	wild, menschenscheu
vilain, e	schlecht, garstig, bös, übel

Sätze und Redewendungen: *faire qc par ambition/envie/curiosité, etc.* etw aus Ehrgeiz/Neid/Neugier usw. tun — *rougir de honte* vor Scham erröten — *il est honteux/c'est une honte de mentir ainsi* es ist schändlich/eine Schande, so zu lügen — *il ne faut pas se fâcher/se mettre en colère* man darf sich nicht aufregen/in Zorn geraten — *il a pris sa revanche* er hat Rache genommen/sich gerächt — *je suis curieux de savoir s'il viendra* ich bin neugierig, ob er kommt.
faute de mieux in Ermangelung von etwas Besserem, weil nichts Besseres da ist — *à défaut d'argent, je ...* in Ermangelung von Geld, weil ich kein Geld habe, ... — *qui s'excuse s'accuse* wer sich entschuldigt, klagt sich an.

18. Gefühle, Seelenzustände

a) Indifferenter Art

Grundwortschatz: âme, calme, cœur, état, disposition, émotion, humeur, impression, sentiment, surprise — agiter, cacher, calmer, causer, éprouver, étonner, éveiller, exciter, inspirer, provoquer, sentir, surprendre, toucher — calme, tranquille.

la conscience morale	Gewissen
la sympathie [sɛ̃pati]	Mitgefühl, Teilnahme
la sensation	Empfindung, Eindruck
l'étonnement m	Erstaunen, Verwunderung
ressentir [rəsɑ̃tiːr]	(stark) empfinden, fühlen
émouvoir	aufregen, erregen, ergreifen
animer	beseelen, beleben

affecter	berühren, in Mitleidenschaft ziehen; vorgeben, so tun, als ob ...
apaiser	beruhigen, beschwichtigen, lindern
recommander	empfehlen, nahelegen
attendrir	erweichen, rühren
témoigner (qc)	zeigen, beweisen
manifester	äußern, an den Tag legen
dissimuler	verheimlichen, nicht merken lassen
indifférent, e (à)	gleichgültig, teilnahmslos (gegen)
sensible (à)	empfindlich (gegen), empfänglich (für)
ému, e	erregt, gerührt, ergriffen
naïf, -ve	unbefangen, kindlich, naiv

Sätze und Redewendungen: *donner libre cours à ses sentiments* seinen Gefühlen freien Lauf lassen — *avoir beau lutter contre l'émotion* vergeblich gegen die Rührung ankämpfen — *affecter le calme* sich ruhig stellen — *aller au cœur* zu Herzen gehen — *faire pleurer* zum Weinen bringen — *s'attendrir sur* gerührt werden von — *qu'est-ce que cela vous fait?* was macht Ihnen das aus? — *cela ne me fait rien* das macht mir nichts aus — *loin des yeux, loin du cœur* aus den Augen, aus dem Sinn.

b) Heiterer, angenehmer Art

Grundwortschatz: amitié, amour, bonheur, charme, confiance, désir, enthousiasme, envie, espérance, espoir, (bonne) humeur, joie, passion, plaisir, rire, satisfaction, sourire, tendresse — aimer, amuser, confier, contenter, désirer, embrasser, enchanter, espérer, jouir, plaire, rassurer, réjouir, rire, sourire — agréable, aimable, cher, content, gai, heureux, intime, joyeux, tendre.

la sympathie [sɛ̃pati]	Sympathie, Zuneigung, Mitgefühl
l'affection f	Liebe, Zuneigung
l'ardeur f	Leidenschaft, Feuer
la gaieté [gete/gɛte]	Fröhlichkeit, Heiterkeit
la plaisanterie	Spaß, Scherz, Ulk
le baiser	Kuß
le désir ardent	Verlangen, Sehnsucht
l'illusion f	Illusion, Sinnestäuschung
charmer	bezaubern, entzücken
ravir	bezaubern, entzücken, hinreißen
satisfaire	zufriedenstellen, befriedigen
satisfaire à	erfüllen, nachkommen, gerecht werden
plaisanter	scherzen, spaßen

féliciter (qn de qc)	beglückwünschen, gratulieren (zu)
se fier (à)	(ver)trauen, sich verlassen (auf)
caresser	streicheln, liebkosen
amoureux, -euse (de)	verliebt (in)
affectueux, -euse	zärtlich, liebevoll, herzlich
ardent, e	leidenschaftlich, sehnlich, heiß
familier, -ière	vertraut, vertraulich, ungezwungen

Sätze und Redewendungen: *se faire des illusions* sich täuschen, sich Illusionen machen — *faire illusion à qn* jdn täuschen — *sauter de joie* vor Freude in die Luft springen — *faire qc par amitié/pour rire/pour plaisanter* etw aus Freundschaft/aus Scherz/aus, zum Spaß tun — *j'en suis content pour lui* ich gönne es ihm — *prendre goût/plaisir à qc* Geschmack/Gefallen an etw finden.
courir après le bonheur dem Glück nachjagen — *faites-moi l'amitié/le plaisir de* ... seien Sie so gut/tun Sie mir den Gefallen und ... — *l'amour de Dieu/de sa famille* die Liebe zu Gott/zu seiner Familie — *par amour pour moi* mir zuliebe.

c) Düsterer, unangenehmer Art

Grundwortschatz: angoisse, chagrin, colère, crainte, douleur, doute, horreur, humeur, inquiétude, larme, malheur, peine, peur, pitié, regret, terreur, tristesse, trouble — consoler, craindre, douter, effrayer, gêner, inquiéter, se moquer, plaindre, redouter, regretter, reprocher, souffrir, supporter, trembler, tromper — affreux, furieux, horrible, inquiet, malheureux, pénible, sombre, terrible, triste.

l'ennui [ãnɥi] m	Langeweile; Ärger
le mal du pays	Heimweh
le soupir	Seufzer
le sanglot	Schluchzer, Schluchzen
le désespoir	Verzweiflung, Hoffnungslosigkeit
la mélancolie	Melancholie, Schwermut, Wehmut
le reproche	Vorwurf, Tadel
la honte	Scham, Schande, Schmach
la rage	Wut
la souffrance	Leiden, Schmerz
la menace	Drohung, Bedrohung
la haine (de)	Haß (gegen), Feindschaft, Abscheu
le mépris	Verachtung, Geringschätzung
l'effroi m	Schrecken, Entsetzen, Furcht
l'anxiété f	Angst, Beklemmung, Bangen
l'hésitation f	Zaudern, Zögern, Schwanken

déplaire	mißfallen, zuwider sein
(s')ennuyer [ãnɥije]	(sich) langweilen; ärgern [geben
désespérer (de)	verzweifeln (an), die Hoffnung auf-
inquiéter	beunruhigen, ängstigen
s'inquiéter (de)	sich Sorgen/Gedanken machen (um)
gâter	verderben *(Freude, Spaß)*
fâcher qn	jdn kränken, ärgern
se fâcher (de qc/contre qn)	sich ärgern/aufregen (über etw/jdn)
gronder qn	jdn ausschimpfen
soupçonner	verdächtigen, -muten, argwöhnen
se méfier/se défier (de)	mißtrauen, sich hüten (vor)
détester	verabscheuen, hassen, nicht aus- stehen können
'haïr	hassen, verabscheuen [bringen
bouleverser	erschüttern, aus der Fassung
désoler	*(tief)* betrüben, zur Verzweiflung
se soucier (de)	sich sorgen (um) [bringen
affoler	erschrecken, verwirren
décourager (qn)	entmutigen, die Lust nehmen
tourmenter	quälen, Kummer machen
accabler	niederdrücken, überwältigen
(s')irriter	(sich) ärgern
épouvanter	erschrecken
fâché, e (de qc/contre qn)	verärgert, böse (über etw/auf jdn)
irrité, e	aufgebracht, gereizt
anxieux, -euse	ängstlich, bang, unruhig
mécontent, e (de)	unzufrieden (mit), ungehalten (über)
mélancolique	melancholisch, schwermütig
douloureux, -euse	schmerzlich, schmerzhaft
'honteux, -euse (de)	beschämt (über)
agité, e (de)	hin- und hergerissen, aufgewühlt
stupéfait, e	bestürzt, verblüfft [(von)
ennuyeux [ãnɥijø], **-euse**	langweilig, unangenehm, peinlich
dégoûtant, e	ekelhaft, widerlich, empörend
en dépit de	trotz, zum Trotz

Sätze und Redewendungen: *par ennui* aus Langeweile — *mourir d'ennui* vor Langeweile umkommen/sterben — *s'ennuyer à mourir* sich zu Tode langweilen — *gâter la joie/le plaisir de qn* jdm die Freude/den Spaß verderben — *tomber dans le désespoir* in Verzweiflung geraten — *avoir qn/qc en horreur* vor jdm/etw Abscheu haben — *trembler de peur* vor Angst zittern — *avoir honte de* sich schämen über — *faire pitié* Mitleid erregen — *être en colère* zornig, wütend sein —

avoir des remords Reue empfinden — *exprimer ses regrets* sein Bedauern ausdrücken — *à mon grand regret* zu meinem großen Bedauern — *briser le cœur* das Herz brechen — *cela lui fait de la peine* es macht ihm Kummer — *c'est dommage que* + subj (es ist) schade, daß.

19. Religion, religiöses Gefühl (cf. 31)

Grundwortschatz: âme, chant, ciel, conscience, diable, dieu, église, espérance, foi, grâce, mal, pardon, patron, pitié, prêtre, religion, sacrifice, saint — assister, avouer, commettre, consacrer, consoler, créer, croire, espérer, joindre, louer, prier, révéler — coupable, éternel, parfait, religieux, sacré, saint.

la créature	Kreatur, Geschöpf, Wesen
le chrétien [kretjɛ̃]/**la chrétienne**	Christ/in
le juif/la juive	Jude/Jüdin
la prière	Gebet, Bitte
la Vierge	Jungfrau Maria, Madonna
la croix	Kreuz
l'Écriture f **sainte, les Saintes Écritures**	Heilige Schrift, Bibel
la Passion	Passion, Leidensgeschichte
le vœu	Gelübde
la mission	Mission(shaus), Sendung
l'abbé m	Abt, Priester, Abbé
le curé	*(kath.)* Pfarrer, Pastor
le pasteur	*(prot.)* Pfarrer, Pastor
le pape	Papst
le croyant/la croyante	der/die Gläubige
l'office m/**le service divin**	Gottesdienst, Messe
la messe	Messe, Mette
l'amour m **du prochain**	Nächstenliebe
le bien	Gutes, Wohl, Bestes
le salut	(Seelen-)Heil, Seligkeit, Rettung
le libre arbitre	Willensfreiheit, freier Wille
l'ange m	Engel
la tentation	Versuchung, Verlockung
le remords	Gewissensbiß
le temple	*(prot.)* Kirche; Tempel
la cérémonie	Zeremonie, feierliche Handlung
le canon	Kirchensatzung, Kanon, Regel
le clocher	Kirchturm

bénir (qn, qc)	segnen, den Segen sprechen (über)
se recueillir [rəkœjiːr]	sich sammeln, in Ruhe nachdenken
célébrer	feiern, zelebrieren, abhalten
tenter	versuchen, in Versuchung führen
révéler	offenbaren
divin, e	göttlich, Gottes-
immortel, le	unsterblich, unvergänglich
chrétien [kretjɛ̃], **ne**	christlich
juif, juive	jüdisch
croyant, e	gläubig
spirituel, le	geistlich
solennel [sɔlanɛl], **le**	feierlich, festlich

Sätze und Redewendungen: *prier Dieu* zu Gott beten — *dire/célébrer la messe* die Messe lesen/zelebrieren — *faire sa prière* sein Gebet verrichten, beten — *faire le signe de la Croix* ein Kreuz schlagen, sich bekreuzigen — *le Jugement dernier* das Jüngste Gericht.

20. Wollen, Absicht (Handeln, Tat) (cf. 30/31)

Grundwortschatz: accord, acte, action, choix, conseil, décision, désir, devoir, effort, énergie, envie, force, instinct, intention, liberté, occasion, peine, pouvoir, prétexte, puissance, raison, volonté — accepter, accomplir, achever, affirmer, agir, choisir, commencer, conseiller, consentir, contenter, convaincre, décider, désirer, demander, déterminer, devoir, donner, s'efforcer, engager, excuser, exécuter, exiger, falloir, finir, fixer, hésiter, imposer, insister, obéir, occuper, opposer, oser, permettre, préférer, prétendre, promettre, proposer, réaliser, réclamer, refuser, régler, renoncer, réserver, résoudre, risquer, souhaiter, soumettre, subir, tâcher, terminer, vouloir — difficile, entendu, facile, inutile, libre, mou, nécessaire, pénible, prêt, vain, volontaire — pourquoi.

le vœu	Wunsch, Gelübde
le gré	Belieben, Gutdünken
la demande	Bitte, Verlangen, Forderung
le parti pris	vorgefaßte Meinung, Vorurteil
la prétention	Anspruch, Forderung, Anmaßung
la proposition	Vorschlag, Angebot
le refus	Ablehnung, (Ver-)Weigerung
le scrupule	Skrupel, Gewissensbiß, Bedenken
l'embarras m	Verlegenheit, Notlage, Klemme

la responsabilité	Verantwortung, Haftung
le libre arbitre	Willensfreiheit, freier Wille
le motif	Motiv, Beweggrund
la résolution	Entschlossenheit, Entschlußkraft
destiner (à)	bestimmen (für, zu)
se garder (de faire qc)	sich hüten (etw zu tun)
persuader (de)	überreden (zu), überzeugen (von)
se résigner (à qc)	sich (in etw) fügen, resignieren
actif, -ve	aktiv, tätig, tatkräftig
ferme	fest, stark, kräftig
énergique	energisch, tatkräftig
volontiers [vɔlõtje]	gern, bereitwillig
de parti pris	mit voller Überlegung; voreingenommen
exprès [ɛksprɛ] adv	absichtlich, extra
quoique/bien que + subj	obgleich, obwohl

Sätze und Redewendungen: *se donner de la peine* sich Mühe geben — *comment cela?* wieso? — *pour quel motif?* aus welchem Grunde, in welcher Absicht? — *dans quel but?* zu welchem Zweck? — *il a ses raisons (pour cela)* er hat seine Gründe (dafür) — *il s'est fâché sans motif* er hat sich ohne Grund/grundlos geärgert — *il a de bonnes raisons pour* ... er hat seine (guten) Gründe, zu ... — *à cet effet, à cette fin* zu diesem Zweck — *cela ne sert à rien* das hat keinen Zweck — *(il n'y a) rien à faire* (es ist) nichts zu machen — *c'est pourquoi il a fait cela, aussi a-t-il fait cela* daher hat er es getan.

à volonté nach Belieben/Wunsch — *à mon/son gré* nach Belieben/Lust und Laune — *bon gré, mal gré* wohl oder übel — *il n'en fait qu'à sa tête* er macht, was er will.

je vous adresse mes meilleurs vœux ich sende Ihnen meine besten Wünsche — *j'ai une proposition à vous faire* ich habe Ihnen einen Vorschlag zu machen — *vous perdez votre peine* Sie bemühen sich umsonst/vergeblich — *sous sa propre responsabilité* auf eigene Verantwortung — *trouver moyen de* Mittel und Wege finden, zu.

VI. Gesellschaft

21. Familie

Grundwortschatz: bébé, cousin, enfant, famille, femme, fille, fils, frère, grand-mère, grand-père, maman, mari, ménage, mère, papa, parent, père, petite-fille, petit-fils, sœur.

les grands-parents m	Großeltern
l'oncle m	Onkel
la tante	Tante
le couple	Paar *(Mann und Frau)*
le fiancé/la fiancée	Bräutigam/Braut; Verlobte/r
l'époux m/**l'épouse** f	Gatte/Gattin; Gemahl/in
le neveu	Neffe
la nièce	Nichte
le gendre	Schwiegersohn
le beau-père/-fils	Schwieger-, Stiefvater/-sohn
le beau-frère	Schwager
la belle-mère/-fille	Schwieger-, Stiefmutter/-tochter
la belle-sœur	Schwägerin
le veuf/la veuve	Witwer/Witwe
l'orphelin/e m/f	Waise, Waisenkind
orphelin de père et/ou de mère	Voll-/Halbwaise

22. Soziale Gruppen und Beziehungen

Grundwortschatz: a) ami, bébé, bonne, bourgeois, camarade, compagnie, compagnon, connaissance, dame, domestique, enfant, ennemi, femme, fille, garçon, gens, groupe, homme, humanité, inconnu, individu, madame, mademoiselle, maître de maison, ministre, monsieur, nation, ouvrier, parti, paysan, personnage, personne, peuple, président, race, semblable, société, vieux, vieillard, voisin — quelqu'un.
b) âge, amitié, cercle, danse, égard, fête, habitude, jeu, mariage, présence, rang, respect, réunion, soirée, titre, tradition, union, usage, visite — accueillir, adopter, attacher, danser, déranger, épouser, inviter, joindre, jouer, lier, marier, plaire, présenter, recevoir, rejoindre, rencontrer, réunir, visiter — humain, intime, jeune, poli, populaire, présent, public, vieux.

le public [pyblik]	Publikum, Öffentlichkeit
la compagne	Gefährtin, Begleiterin
l'amoureux/-euse m/f	Verliebte/r
les relations f pl	Bekannte
l'hôte/l'hôtesse m/f	Gast, Gastgeber/in, Wirt/in
le spectateur/la spectatrice	Zuschauer/in
le vis-à-vis	Gegenüber
le bonhomme [bɔnɔm], **les bonshommes** [bõzɔm]	gutmütiger Mensch/Kerl

la servante	Dienerin, Magd
le serviteur	Diener
le gamin/la gamine	Bengel, Schlingel/Range, Göre
la vierge	Jungfrau
la demoiselle	Fräulein, alleinstehende Frau
l'enfance f	Kindheit, Kindesalter
la vieillesse	(hohes) Alter, Greisenalter
l'absence f	Abwesenheit
le rendez-vous inv	Verabredung, Treffen; Rendezvous
le tête-à-tête	Beisammensein *(zu zweit)*
la conduite	Benehmen, Betragen, Führung
la politesse	Höflichkeit, Zuvorkommenheit
la formule de politesse	Höflichkeitsformel
l'invitation f	Einladung, Aufforderung
le lien	Band, (Ver-)Bindung
le divorce	Ehescheidung
le bal	Ball, Tanz(vergnügen)
l'anniversaire m	Geburtstag, Jahrestag
le cadeau	Geschenk
le jouet	Spielzeug
la coutume	Gewohnheit, Sitte, Brauch
les mœurs [mœrs] f pl	Sitten, Gebräuche
la civilisation	Kultur, Zivilisation
se conduire	sich betragen, sich benehmen
fréquenter (qn)	verkehren, „gehen mit", häufig besuchen
respecter	achten, respektieren
apprécier	schätzen, achten
éblouir	blenden, betören
(se) fiancer	(sich) verloben
célébrer	feiern *(Verlobung, Hochzeit)*
unir	vereinigen, verbinden, trauen
déplaire	mißfallen
divorcer (d'avec qn)	sich von jdm scheiden lassen
quiconque	wer auch immer; jeder, der
social, e	sozial, gesellschaftlich, gesellig
âgé, e (de 20 ans)	(20 Jahre) alt
aîné, e (de)	ältester, älterer (um) *(Familie)*
respectueux, -euse	respektvoll, ehrerbietig

Sätze und Redewendungen: *être en famille* unter sich/im engsten Familienkreis sein — *donner/organiser une fête/un bal* ein Fest/einen Ball geben/veranstalten — *très heureux/enchanté de faire votre connaissance* es freut mich sehr, Ihre Bekanntschaft zu machen, sehr

angenehm! — *avoir de l'éducation* gut erzogen/wohlerzogen sein — *avoir du savoir-vivre* Manieren/Lebensart haben — *il ne sait pas se conduire en société* er weiß sich nicht zu benehmen — *il n'a pas de manières* er hat keine Manieren — *demander qn en mariage* um jds Hand anhalten, um jdn werben.
(il n'y a) pas de quoi keine Ursache! gern geschehen! — *de rien* macht nichts, keine Ursache! — *je serais très heureux si* ... ich würde mich sehr freuen, wenn ... — *présentez mes hommages/mes respects à Madame* ... empfehlen Sie mich bitte Frau ... — *mettre qn à la porte* jdn hinauswerfen.

23. Sprache (cf. 9 Merke; 66-68; 71)

a) Das gesprochene und geschriebene Wort (cf. 66-68; 71)

Grundwortschatz: accent, adresse, allemand, anglais, appel, bonjour, caractère, conversation, cri, discours, discussion, expression, français, impression, journal, langue, lettre, littérature, livre, merci, mot, nom, parole, récit, sens, terme — adresser, appeler, apprendre, avertir, causer, communiquer, comprendre, crier, dire, discuter, disputer, écrire, étudier, expliquer, exprimer, interrompre, lire, nommer, parler, posséder, prévenir, prononcer, raconter, remercier, saluer, savoir — allemand, ancien, anglais, bas, clair, doux, étranger, faible, fort, français, haut, moderne, mort, noble, propre, rare, sourd, vivant.

la formule de politesse	Höflichkeitsformel
le salut	Gruß, Begrüßung
adieu/les adieux m	lebe wohl!/Abschied
bonsoir	guten Abend! gute Nacht!
le congé	Abschied
l'entretien m	Unterhaltung, Unterredung
la conférence	Konferenz, Beratung; Vortrag
l'écriture f	Schrift, Handschrift
la copie	Kopie, Ab-, Reinschrift
le langage	Sprache, Sprech-, Ausdrucksweise
le propos	(Gesprächs-)Thema
les propos m	Äußerungen, Gerede
l'italien m	Italienisch, italienische Sprache
l'espagnol m	Spanisch, spanische Sprache
le latin	Latein(isch), lateinische Sprache
informer qn de qc	jdm etw mitteilen, jdn von etw benachrichtigen
s'informer (de)	sich erkundigen (nach)

(s')entretenir (de qc)	(sich) unterhalten (über etw)
conter	erzählen, berichten *(erfundene Dinge)*
réciter	aufsagen, vortragen *(Gedicht)*
murmurer	murmeln
proclamer	proklamieren, bekanntmachen
publier	veröffentlichen, bekanntmachen
imprimer	drucken
enseigner qc à qn/à + inf	jdn etw lehren, jdm etw beibringen
convenable	angemessen, passend *(Ausdruck)*
élégant, e	elegant, fein, vornehm
italien, ne	italienisch
espagnol, e	spanisch
latin, e	lateinisch

Sätze und Redewendungen: *il l'a entendu dire* er hat es gehört — *j'ai entendu parler de lui* ich habe von ihm gehört — *je crois que oui/que non* ich glaube ja/nein — *mettre qn au courant* jdn informieren, verständigen — *à ce qu'il dit, d'après lui* wie er sagt, seiner Meinung nach — *prendre congé de qn* sich von jdm verabschieden.
apprendre/étudier une langue vivante (moderne)/morte (ancienne) eine moderne/alte Sprache lernen/studieren.
changer de propos das Gesprächsthema wechseln — *il a la parole* er hat das Wort — *il lui a adressé la parole* er hat ihn angeredet/das Wort an ihn gerichtet — *prendre la parole* das Wort ergreifen — *reprendre sa parole* sein Wort/sein Versprechen zurücknehmen.

b) Sprachliche Ausdrucksformen (cf. 66-68; 71)

Grundwortschatz: avis, chanson, chant, compte rendu, conseil, mensonge, opinion, ordre, question, rapport, réponse, silence — admettre, affirmer, annoncer, aviser, avouer, chanter, commander, conseiller, convenir, déclarer, demander, disputer, excuser, exposer, interroger, jurer, mentir, ordonner, présenter, prier, proposer, rapporter, répéter, répondre, supplier, taire — adroit, court, délicat, fin, juste, long, sage, vague — d'après, selon.

l'excuse f	Entschuldigung, Ausrede
la demande	Frage, Bitte, Antrag, Gesuch
la prière	Bitte, Gebet
le(s) renseignement(s) (sur)	Auskunft, Angabe(n) (über)
la proposition	Vorschlag, Antrag, Angebot
la description	Beschreibung, Schilderung
l'explication f	Erklärung, (heftige) Auseinander-
la querelle	Streit, Zank [setzung

l'argument m	Argument, Beweisgrund
le/la critique	Kritiker/Kritik
le compliment	Kompliment, Schmeichelei
la félicitation	Glückwunsch
le refus	Ablehnung, Absage, Weigerung
la convention	Abmachung, Vereinbarung, Abkommen
le questionnaire	Fragebogen
la revision/révision	Revision, Über-, Nachprüfung
décrire	beschreiben, schildern
exagérer	übertreiben, zu weit gehen
consulter	befragen, zu Rate ziehen
renseigner (qn sur qc)	(jdm über etw) Auskunft erteilen
se renseigner (sur)	Erkundigungen einziehen (über)
recommander	empfehlen, dringend raten
suggérer [sygʒere]	suggerieren, nahelegen, einflüstern
questionner (sur)	be-, ausfragen (nach)
raisonner	(durch)denken, Überlegungen anstellen
gronder	(aus)schimpfen
répliquer	erwidern, entgegnen
témoigner de qc	etw bezeugen, bekunden
nier	verneinen, leugnen, abstreiten
féliciter qn de qc	beglückwünschen, gratulieren (zu)
raisonnable	vernünftig, verständig
spirituel, le	geistreich, witzig
'hardi, e	kühn, aufdringlich
prudent, e	um-, vorsichtig
critique	kritisch
exact [ɛgza(kt)], **e**	genau, richtig, zutreffend
sot, te [so, sɔt]	dumm, töricht, albern
'honteux, -euse	schändlich, schimpflich
suivant prp	nach, gemäß, entsprechend

Sätze und Redewendungen: *donner/faire une réponse à qn sur qc* jdm eine Antwort auf etw geben — *il a appuyé la demande de son ami* er hat das Gesuch seines Freundes unterstützt.
il trouve une excuse à tout er findet für alles eine Entschuldigung — *servir d'excuse à qc/qn* für etw/jdn als Entschuldigung dienen — *faire/présenter ses excuses à qn* sich bei jdm entschuldigen — *excusez-moi de vous déranger/de ne pas être venu* entschuldigen Sie, daß ich Sie störe/daß ich nicht gekommen bin.
mes compliments/félicitations! herzlichen Glückwunsch! — *exécuter/remplir un ordre* einen Befehl ausführen — *bien/mal accueillir les*

propositions de qn jds Vorschläge gut/schlecht aufnehmen — *silence!* Ruhe! — *rompre le silence* das Schweigen brechen — *faire taire qn* jdn zum Schweigen bringen — *«oui», fit-il* „ja", sagte er.

24. Kleidung und Schmuck

Grundwortschatz: argent, bas, blouse, bouton, caoutchouc, ceinture, chapeau, chaussette, chaussure, chemise, costume, coton, couture, couturière, cuir, culotte, drap, éclat, façon, habit, jupe, laine, linge, manteau, mode, montre, mouchoir, or, paille, pantalon, pierre, poche, robe, sac, soie, tailleur, toile, toilette, tricot, vêtement — aller, changer, coudre, déchirer, déshabiller, enlever, habiller, mettre, ôter, porter, retirer, tricoter — beau, brillant, étroit, faux, fin, joli, léger, lourd, magnifique, moderne, naturel, neuf, nouveau, précieux, riche, simple, solide, usé, véritable, vieux, vrai.

le modèle	Modell(kleid), Muster
le complet	Anzug
la tenue	Anzug, Kleidung; Uniform
l'uniforme m	Uniform
le veston	Jacke(tt), Sakko
le pardessus	Mantel, Überzieher
la combinaison	Arbeitskombination; Unterkleid
le jupon	Unterrock, Petticoat
la parure	Damengarnitur *(Unterwäsche)*
le sous-vêtement	Unterkleidung(sstück)
le col	Kragen
la manche	Ärmel
le pli	Falte, Bügelfalte
la cravate	Krawatte, Schlips
le gant	Handschuh
une paire de gants	ein Paar Handschuhe
le voile	(großer) Schleier; Voile *(Stoff)*
le ruban	Band, Haarschleife
la casquette	(Schirm-)Mütze
le bonnet	Haube, Kappe
le soulier	(Halb-)Schuh
la botte	Stiefel
le sabot	Holzschuh
le parapluie	Regenschirm
la canne	Spazier-, Rohrstock
la bourse	Geldbörse, -täschchen
la parure	Schmuck *(Garnitur)*
le bijou/les bijoux	Schmuckstück, Juwel/Schmuck

le collier	Halsband, -kette
la bague	Ring
l'épingle f de cravate	Krawattennadel
la pierre précieuse	Edelstein
(se) vêtir	(sich) ankleiden, anziehen
revêtir	(feierlich) anlegen, anziehen
se changer	sich umziehen/umkleiden
faire faire	machen/arbeiten lassen
transformer	ab-, um-, verändern
repasser	bügeln
raccommoder	ausbessern, flicken, stopfen
parer (de), orner (de)	schmücken, verzieren (mit)
briller	glänzen, funkeln, strahlen
superbe	prächtig, prachtvoll, großartig
de grande valeur	wertvoll

Sätze und Redewendungen: *faire des plis* Falten werfen — *perdre sa couleur* die Farbe verlieren — *ce chapeau lui va à merveille* dieser Hut steht ihr/ihm wunderbar — *ce n'est plus à la mode* das ist nicht mehr Mode/modern — *c'est passé de mode* das ist aus der Mode — *en grande tenue* im Festanzug, in Galauniform — *à manches longues/courtes* mit langen/kurzen Ärmeln — *en bras de chemise* in Hemdsärmeln — *mettre ses bijoux* seinen Schmuck anlegen — *la parole est d'argent, le silence est d'or* Reden ist Silber, Schweigen ist Gold.

25. Nachtruhe

Grundwortschatz: fatigue, lit, matelas, nuit, repos, rêve, sommeil — coucher, dormir, endormir, éteindre, réveiller, frotter, reposer, rêver, troubler, veiller — calme, doux, fatigué, tranquille.

la couverture	Bettdecke, Decke
le réveil	Auf-, Erwachen; Wecker *(Uhr)*
fatiguer	ermüden *tr*
se fatiguer	müde werden, ermüden
entrouvrir (les yeux)	(die Augen) halb/ein wenig öffnen
las, se [lɑ, lɑ:s]	müde, erschöpft, abgespannt
paisible	friedlich, ruhig, still *(Schlaf)*

Sätze und Redewendungen: *tomber de fatigue* vor Müdigkeit umfallen/umsinken — *avoir le sommeil léger* einen leichten Schlaf haben — *s'éveiller en sursaut* aus dem Schlaf auffahren/hochfahren — *il fait semblant de dormir* er tut so, als ob er schliefe.

26. Morgentoilette

Grundwortschatz: bain, barbe, brosse, cabinet, cheveu, corps, cuvette, dent, eau, glace, lame, main, ongle, peigne, rasoir, savon, serviette, table, toilette, visage — essuyer, frotter, laver, peigner, raser, sécher, soigner — chaud, courant, électrique, froid, propre, sale.

l'éponge f	Schwamm
le parfum	Parfüm, Duft
la permanente	Dauerwelle(n)
la mise en plis	Wasserwelle
la crème	Hautcreme
la crème de jour/de nuit/ [à raser	Tages-/Nacht-/Rasiercreme
la poudre	Puder
le miroir	(kleiner) Spiegel
le rouge (à lèvres)	Lippenstift
les soins m **du visage/ de beauté**	Gesichts-/Schönheitspflege
prendre un bain	ein Bad nehmen, baden
brosser	bürsten
soigneusement, avec soin	sorgfältig

Sätze und Redewendungen: *se brosser/se laver les dents* sich die Zähne putzen — *se faire couper les cheveux* sich das Haar schneiden lassen — *s'essuyer le visage* sich das Gesicht abtrocknen.

VII. Ordnung

27. Einteilung und Wichtigkeit (Bedeutung)

Grundwortschatz: classe, degré, détail, espèce, foule, genre, groupe, idée principale, importance, individu, masse, membre, mesure, parti, société, sorte, titre, type — constituer, former, importer, insister, partager, préférer, valoir — extrême, général, important, particulier, principal, spécial, unique — particulièrement, surtout.

la division	(Ein-)Teilung, Gliederung
le premier plan	Vordergrund
l'arrière-plan m	Hintergrund
consister (en, dans)	bestehen (aus, in)
diviser	(ein)teilen, trennen

original, e	ursprünglich, original, Ur-
quelconque	irgendein, (x-)beliebig
quiconque	wer auch immer; jeder, der
qui que + subj	wer auch immer
qui que ce soit	*wer es auch immer sei/sein mag*
quoi que + subj	was auch immer
quoi qu'il fasse	*was er auch immer tut/tun mag*
notamment	insbesondere, vor allem, namentlich
extrêmement	äußerst, in hohem Maße

Sätze und Redewendungen: *à un haut degré* in hohem Grade/Maße — *de la plus haute importance* von größter Bedeutung — *c'est secondaire* das ist zweitrangig/nebensächlich — *passer au second rang* in den Hintergrund treten — *mettre l'accent sur qc* etw betonen — *j'insiste sur le fait que* ... ich betone, daß ...

28. Reihenfolge (cf. 1)

Grundwortschatz: changement, commencement, début, disposition, élément, fin, ordre, place, rang, série, suite, système, tour m — arranger, changer, commencer, déranger, disposer, échanger, finir, interrompre, mêler, ordonner, organiser, placer, précéder, ranger, recommencer, régler, remplacer, renverser, suivre — autre, dernier, extrême, nouveau, premier, prochain, suivant — ainsi, autrement, ensuite, puis.

l'ordre m **du jour**	Tagesordnung
succéder (à)	folgen (auf), nachfolgen
modifier	ab-, verändern, modifizieren
varier	abändern, -wechseln, variieren
bouleverser	umstürzen, durcheinanderbringen
isolé, e	isoliert, einzeln, vereinzelt
suprême	höchste(r, s), äußerste(r, s), oberste(r, s)
néanmoins	nichtsdestoweniger, trotzdem, [dennoch

Sätze und Redewendungen: *mettre de l'ordre dans qc* Ordnung in etw bringen — *mettre qc en ordre* etw in Ordnung bringen — *ranger qc par ordre de matières* nach Sachgebieten/dem Inhalt ordnen — *rétablir/troubler l'ordre* die Ordnung wiederherstellen/stören.
l'un(e) l'autre, les un(e)s les autres einander, sich gegenseitig — *l'un(e) après l'autre* eine(r) nach der (dem) anderen.

il a fait dix kilomètres de suite er hat 10 km hintereinander zurückgelegt — *deux fois de suite* zweimal hintereinander — *il n'a pas de suite dans les idées* er denkt nicht logisch/folgerichtig — *et ainsi de suite* und so weiter.

29. Vergleich

Grundwortschatz: différence — comparer, distinguer, opposer, ressembler — commun, contraire, différent, divers, égal, extraordinaire, meilleur, même, moindre, opposé, ordinaire, pareil, rare, semblable, tel — également, mieux, moins, plus, tellement, autant, d'autant plus, d'ordinaire — de façon que, de manière que, de sorte que.

la comparaison	Vergleich, Gegenüberstellung
l'égalité f	Gleichheit, Gleichwertigkeit
l'opposition f	Gegensatz, Opposition
comparatif, -ve	vergleichend
constant, e	konstant, beständig, stetig
(le) pire (*zu* mauvais)	schlimmer, ärger (der schlimmste)
comparativement	vergleichsweise
constamment	beständig, andauernd, immer wieder
rarement	selten
(le) pis (*zu* mal)	schlimmer, ärger (das schlimmste)
aussi (grand) que	ebenso (groß) wie

Sätze und Redewendungen: *il y a une grande différence entre les deux* es besteht ein großer Unterschied zwischen den beiden — *en comparaison de* im Vergleich zu/mit — *au contraire de* im Gegensatz zu — *d'une façon générale* im allgemeinen, allgemein — *chacun à sa façon* jeder auf seine Art/wie er will — *en revanche* dagegen, dafür.

30. Ursache, Wirkung, Zusammenhang (cf. 19/20; 31; 63/64)

Grundwortschatz: cause, condition, conséquence, effet, égard, origine, rapport, résultat, source, suite — aboutir, causer, conclure, terminer, venir — nécessaire.

le phénomène	Phänomen, (Natur-)Erscheinung
le jugement	Urteil(skraft), Meinung
la conclusion	Schluß(folgerung), (End-)Ergebnis
la proportion	Verhältnis, Ausmaß

le point de vue, la manière de voir	Hinsicht; Gesichts-, Standpunkt
la considération	Überlegung, Betrachtung, Rücksicht
dépendre (de)	abhängen (von)
résulter (de)	sich ergeben (aus), resultieren
se rapporter (à)	sich beziehen (auf)
logique	logisch, folgerichtig
relatif, -ve (à)	relativ, bezüglich + *Gen.*
relativement	relativ, verhältnismäßig

Sätze und Redewendungen: *cela dépend* das kommt darauf an, je nachdem — *il en résulte que...* daraus ergibt sich/folgt, daß... — *point d'effet sans cause* keine Wirkung ohne Ursache — *si bien que ...* so, daß ... — *de là vient que ...* daher kommt es, daß ... — *pour quelle raison?* aus welchem Grund? — *pour cette raison* aus diesem Grunde, daher — *à cause de cela* deshalb — *avoir (tout) lieu de* allen Grund/Anlaß haben zu — *il n'y a pas de quoi s'inquiéter* es ist kein Anlaß zur Unruhe.
avoir des suites désagréables unangenehme Folgen haben — *à (la) condition qu'il fasse le travail lui-même* unter der Bedingung, daß er selbst die Arbeit macht — *dans ces conditions* unter diesen Umständen — *avoir pour conséquence* zur Folge haben — *en considération de son âge* im Hinblick auf sein Alter.
à ce propos in diesem Zusammenhang — *sous ce rapport* in dieser Beziehung/Hinsicht — *par rapport à* im Verhältnis zu — *être en rapport avec* entsprechen, in Zusammenhang stehen mit — *nous sommes en bons rapports* wir stehen gut miteinander.
en ce qui me concerne, quant à moi was mich (an)betrifft — *pour ma part* was mich betrifft, meinerseits — *à mon sujet, sur mon compte* über mich.
du point de vue de la science vom Standpunkt der Wissenschaft aus — *à/de/sous ce point de vue* unter diesem Gesichtspunkt — *se placer à un autre point de vue* sich auf einen anderen Standpunkt stellen.

31. Schicksal (cf. 19/20; 30)

Grundwortschatz: accident, avenir, aventure, chance, circonstance, condition, décision, destinée, disposition, épreuve, événement, faute, faveur, fortune, hasard, incident, nécessité, occasion, situation, sort — décider, disposer, échapper, écraser, éprouver, fixer, menacer, obéir, opposer, résister, soumettre, subir, supporter — extérieur, favorable, heureux, intérieur, malheureux, mauvais, nécessaire, triste.

l'influence f — Einfluß, Einwirkung

destiner (à) — bestimmen, ausersehen (für, zu)
déterminer (à) — bestimmen, veranlassen, bewegen (zu)
lutter (contre/pour) — (an)kämpfen, ringen (gegen/um, für)
se résigner (à) — sich ergeben/fügen (in)

brutal, e — brutal, rücksichtslos
cruel, le — grausam, hart, unmenschlich

Sätze und Redewendungen: *tirer au sort* (aus)losen — *bonne chance!* viel Glück! — *s'il vient à mourir* wenn er sterben sollte — *avoir de l'influence sur qc* auf etw Einfluß haben — *à l'avenir* künftig, in Zukunft — *à l'occasion de, lors de* aus Anlaß, gelegentlich + *Gen.* — *avoir l'occasion de* Gelegenheit haben zu.

VIII. Staatliche Ordnung

32. Volk, Staat, Regierung

Grundwortschatz: accord, administration, autorité, charge, chef, conseil, conseiller, cour, décision, discussion, disposition, drapeau, État, droit, force, gouvernement, homme, liberté, loi, ministre, nation, parole, parti, patrie, pays, peuple, pouvoir, président, projet, puissance, régime, réunion, révolution, siège, sujet, union, voix — accorder, adopter, appartenir, appuyer, constituer, décider, défendre, discuter, empêcher, exiger, forcer, former, imposer, interdire, maintenir, nommer, obliger, opposer, ordonner, organiser, proposer, protéger, régler, repousser, représenter, retirer, soutenir, suspendre — bourgeois, contraire, égal, étranger, général, libre, national, particulier, politique, populaire, public, puissant.

la politique — Politik
l'État m **libre** — Freistaat
la république — Republik
la démocratie [demɔkrasi] — Demokratie
la démocratie populaire — Volksdemokratie
la lutte des classes — Klassenkampf
l'opposition f — Opposition(spartei), Widerstand
l'élection f — Wahl
les résultats m **des [élections** — Wahlergebnisse
le vote — Abstimmung, Wahlstimme
le bulletin de vote — Wahlzettel, Stimmzettel
le droit de vote — Wahlrecht

l'Assemblée f nationale	*(frz.)* Nationalversammlung
le congrès	Kongreß, Zusammenkunft, Tagung
la résolution	Beschluß, Entschließung, Resolution
le cabinet	Kabinett, Regierung
le ministère	Ministerium
le président du Conseil	Ministerpräsident
le Premier ministre	Premier(minister)
le ministre des Affaires étrangères/des Finances/ de la Défense nationale	Außen-/Finanz-/Verteidigungs- minister
le député	Abgeordneter
la Chambre des députés	Abgeordnetenkammer
le Parlement	Parlament
le parlementaire	Parlamentarier, Abgeordneter
la représentation	Vertretung
la représentation nationale	Volksvertretung
le représentant (du peuple)	(Volks-)Vertreter
le citoyen/la citoyenne	Staatsbürger/in
l'égalité f	Gleichheit
la conviction politique	politische Überzeugung
l'institution f	Einrichtung
l'indépendance f	Unabhängigkeit, Selbständigkeit
l'influence f	Einfluß, Geltung
le bien	Wohl
le salut	Wohl, Heil
la fonction	Funktion, Amt, Posten, Beruf
la carrière	Karriere, Laufbahn, Beruf
le coup d'État	Staatsstreich
la décoration	Orden, Ehrenzeichen
l'arrêt m	Erlaß, Verfügung
le règlement	Vorschrift
le comité	Ausschuß
la séance	Sitzung
l'ouverture f	Eröffnung *(Sitzung)*
le/la secrétaire	Sekretär/in, Schriftführer/in
la demande	Bitte, Antrag, Gesuch
la proposition	Vorschlag
le refus	Ablehnung

proclamer	proklamieren, verkünden, ausrufen
régner (sur)	herrschen, regieren (über)
gouverner (qc)	regieren, führen, verwalten
(se) rassembler	(sich) versammeln
élire	wählen, erwählen

voter qc	wählen, abstimmen (über etw)
voter (pour/contre qc)	(für/gegen etw) stimmen
modifier	ab-, verändern
bouleverser	umstürzen, durcheinanderbringen
autoriser (à)	autorisieren, ermächtigen
succéder (à)	folgen, nachfolgen
contribuer (à)	beitragen (zu)
(s')unir	(sich) verein(ig)en/zusammenschließen
supprimer	aufheben, abschaffen
démocratique	demokratisch
parlementaire	parlamentarisch
civil, e	zivil, bürgerlich, Bürger-
officiel, le	offiziell, amtlich, Regierungs-
secret, ète	geheim, Geheim-
ferme	fest, stark, kräftig
radical, e	radikal

Sätze und Redewendungen: *pour des raisons politiques* aus politischen Gründen — *être membre d'un parti (politique)* Mitglied einer Partei/Parteimitglied sein — *demander la parole* ums Wort bitten — *demander les pleins pouvoirs* (Blanko-) Vollmachten fordern/erbitten.
poser la question de confiance die Vertrauensfrage stellen — *déposer un projet de loi* einen Gesetzentwurf einbringen — *voter/adopter une loi* ein Gesetz annehmen — *les droits de l'homme* die Menschenrechte.
adopter une résolution eine Entschließung fassen/annehmen — *prendre des dispositions* Verfügungen/Anordnungen treffen — *renverser le gouvernement* die Regierung stürzen — *nommer qn chef du gouvernement* jdn zum Regierungschef ernennen — *mettre qn à la retraite* jdn in den Ruhestand versetzen.
être au pouvoir an der Macht sein — *la prise du pouvoir/l'arrivée au pouvoir* die Machtergreifung — *en appeler au peuple/à la nation* das Volk/die Nation befragen — *procéder à/faire des élections* Wahlen durchführen/abhalten.

33. Rechtsprechung

Grundwortschatz: affaire, cause, circonstance, client, cour, crime, droit, erreur, faute, grâce, instruction, juge, justice, liberté, mensonge, mort, peine, preuve, raison, tort, tribunal, vérité, voleur — avouer, commettre, condamner, convaincre, défendre, dérober, examiner, excuser, exécuter, interroger, juger, jurer, menacer, prendre, plaindre, poursuivre, prouver, punir, réclamer, tuer, voler — coupable, faux, juste, libre, véritable, vrai.

la cour d'appel	Appellations-, Berufungsgericht
la chambre civile	Zivilkammer
le juge d'instruction	Untersuchungsrichter
le tribunal de commerce	Handelsgericht
la partie	Partei *(vor Gericht)*
l'accusé/e m/f	Angeklagte/r
le banc des accusés	Anklagebank
la défense	Verteidigung
l'avocat m	Rechtsanwalt
le témoin	Zeuge
le juré	Geschworener
le défaut	Nichterscheinen *(vor Gericht)*
la poursuite	(Straf-)Verfolgung
le cas	Fall, Prozeß
le procès	Prozeß, Rechtsstreit
la plainte	Klageschrift
la charge	Anklage(punkt)
les antécédents m	Vorleben
l'excuse f	Entschuldigung, Ausrede
la pièce à conviction	Beweisstück
le jugement	Urteil, Spruch
l'arrêt m	Urteil, Entscheidung letzter Instanz
la punition	Strafe, Bestrafung
la prison	Gefängnis *(a. Gebäude)*, Haft
les travaux m **forcés**	Zwangsarbeit; Zuchthausstrafe
le droit de grâce	Begnadigungsrecht
le précédent	Präzedenzfall
l'injustice f	Ungerechtigkeit, Unrecht
soupçonner	verdächtigen
accuser (qn de qc)	anklagen, beschuldigen + *Gen.*
dénoncer	anzeigen
citer en justice	vor Gericht laden, vorladen
déposer	aussagen *(vor Gericht)*
témoigner de qc/en justice	etw bezeugen/als Zeuge aussagen
charger/décharger qn	jdn belasten/entlasten [weisen
justifier qn, qc/de qc	rechtfertigen, begründen/etw nach-
protester (contre)	protestieren; Einspruch erheben
protester de qc	etw beteuern, versichern [(gegen)
nier	leugnen, ab-, bestreiten
confondre qn	jdn überführen *(vor Gericht)*
prononcer	fällen *(Urteil)*, verhängen *(Strafe)*
casser	aufheben *(Urteil)*
judiciaire	gerichtlich, richterlich, Rechts-

innocent, e	unschuldig, schuldlos
injuste	ungerecht
sévère	streng
pourvu que + subj	vorausgesetzt, daß; sofern
à moins que . . . ne + subj	wenn nicht; es sei denn, daß

Sätze und Redewendungen: *par la voie judiciaire* auf dem Rechtswege — *de (plein) droit* rechtmäßig — *avoir affaire à* zu tun haben mit — *à qui la faute?* wer ist schuld daran? — *déposer une plainte, porter plainte (contre)* eine Anzeige erstatten — *être en procès avec qn* mit jdm einen Prozeß führen — *se rendre coupable d'un vol* sich eines Diebstahls schuldig machen — *le fait est/il est de fait que . . .* Tatsache ist, daß . . . *pourvu qu'il vienne!* hoffentlich kommt er!

Aktionsreihe: *on le soupçonne d'être l'auteur du crime* er wird verdächtigt, der Täter zu sein — *il a protesté de son innocence* er hat seine Unschuld beteuert — *il a rejeté la faute sur son voisin* er hat die Schuld auf seinen Nachbarn geschoben — *il apporte/fournit/produit des preuves* er bringt Beweise bei — *comme preuve de . . .* als Beweis für. . . — *l'avocat s'est chargé du procès/de la cause* der Rechtsanwalt hat den Prozeß übernommen — *il défend son client* er verteidigt seinen Mandanten — *il demande qu'on remette son client en liberté faute de preuves* er fordert, seinen Mandanten wieder auf freien Fuß zu setzen mangels Beweisen — *le coupable a été condamné à 6 mois de prison/à mort* der Schuldige ist zu 6 Monaten Gefängnis/zum Tode verurteilt worden — *il a fait appel* er hat Berufung eingelegt — *la cour d'appel a confirmé le jugement* das Berufungsgericht hat das Urteil bestätigt — *elle a rejeté l'appel du condamné à mort* es hat die Berufung des zum Tode Verurteilten verworfen — *qu'en pensez-vous?* was halten Sie davon, wie denken Sie darüber?

34. Verwaltung und Polizei

Grundwortschatz: acte, administration, agent, autorité, bureau, conseil, conseiller, droit, garde, mairie, ordre, origine, papier, pièce, police, recherche — adopter, arrêter, déclarer, découvrir, demander, joindre, maintenir, poursuivre, signer, troubler, veiller.

la capitale	Hauptstadt
le département	Departement, Verwaltungsbezirk, [Abteilung
la colonie	Kolonie
la division	Einteilung
le maire	Bürgermeister, Gemeindevorsteher

la sûreté	Sicherheit
la Sûreté	Sicherheits-, Kriminalpolizei
la police secrète	Geheimpolizei
le poste de police	Polizeiwache
le commissariat	(Polizei-)Revier
le commissaire	(Polizei-)Kommissar
l'inspecteur m	(Polizei-)Inspektor
la police secours	Überfallkommando
l'intervention f	Eingreifen, Einschreiten
la prison	Gefängnis(gebäude u. -strafe)
le vol	Diebstahl, Raub
la querelle	Streit, Zank
le règlement	Vorschrift, Regelung, Erledigung
l'état m **civil**	Standesamt, Personen-, Zivilstand
la demande	Antrag, Gesuch
la formule	Vordruck, Formular
la copie	Abschrift, Kopie
le bulletin (de naissance)	(Geburts-)Schein
l'acte m **de naissance/de mariage**	Geburts-/Heiratsurkunde
le domicile	Wohnsitz
le pays d'origine	Herkunftsland
le public	Publikum, Öffentlichkeit
le permis	Genehmigung, Erlaubnisschein
le permis de conduire/de travail/de circuler	Führerschein/Arbeitsgenehmigung/Kfz-Zulassung
le passeport	(Reise-)Paß
le visa	Visum, Sichtvermerk
la douane	Zoll(behörde)
le bureau de la douane	Zollamt
les droits m **de douane**	Zollgebühren
la séance	Sitzung
déclarer	anmelden *(Melde-, Standesamt)*
dresser	aufsetzen; ausstellen *(Urkunde)*
approuver	billigen, genehmigen
rechercher (qn/qc)	suchen, fahnden (nach)
consulter qc/qn	nachschlagen, -sehen in/befragen
copier	abschreiben, kopieren
se nommer	heißen, seinen Namen sagen/nennen
publier	bekanntmachen, veröffentlichen
rétablir	wiederherstellen *(Ordnung)*
suspendre	des Amtes entheben, suspendieren
civil, e	zivil, bürgerlich, Bürger-

officiel, le	offiziell, amtlich, Regierungs-
secret, -ète	geheim, Geheim-, verborgen
rigoureux, -euse	rigoros, streng, unnachsichtlich
le tribunal de police	Polizeigericht
le règlement de police	Polizeiverordnung, -vorschrift

Sätze und Redewendungen: *faire une demande* einen Antrag stellen, ein Gesuch machen/einreichen — *appuyer une demande* einen Antrag befürworten — *lu (vu) et approuvé* (vor)gelesen (gesehen) und genehmigt — *pour plus de sûreté* sicherheitshalber — *prendre des proportions inquiétantes* beunruhigende Ausmaße annehmen — *prendre des mesures de sûreté* Sicherheitsmaßnahmen ergreifen — *noter le nom et l'adresse de qn* jds Name und Adresse aufschreiben — *assurer l'ordre* für Ordnung sorgen — *être en prison* im Gefängnis sein/sitzen — *porter à la connaissance du public* öffentlich bekanntmachen — *avis au public* Bekanntmachung — *entrée interdite* Eintritt verboten — *interdit par mesure de police* polizeilich verboten — *circulez* weitergehen!

35. Militär: Heer

Grundwortschatz: arme, armée, capitaine, chef, classe, compte rendu, corps, coup, drapeau, garde, général, groupe, infirmier, instruction, marche, médecin, officier, ordre, poste *m*, rang, rapport, sac, service, soldat, tente, volontaire — armer, commander, décharger, défendre, déposer, éviter, exercer, garder, marcher, ordonner, protéger, servir, tirer, veiller — faible, inférieur, militaire, moderne, puissant, spécial, supérieur, volontaire.

les forces f	Streitkräfte
les forces de terre/ d'occupation	Landstreitkräfte/Besatzungsstreitkräfte, -macht
l'armée f **de métier**	Berufsheer
le service/la loi/la région militaire	Wehrdienst/-gesetz/-kreis
l'appel m	Einberufung, Appell
la réserve	Reserve, Ersatzheer, -truppen
le service de renseignements	Nachrichtendienst
la troupe	Truppe
la compagnie	Kompanie
le régiment	Regiment
la division	Division

la colonne	Kolonne, Marschordnung
le supérieur	Vorgesetzter
l'inférieur m	Untergebener
le sous-lieutenant	Leutnant
le lieutenant	Oberleutnant
le commandant	Führer, Chef, Major, Kommandant
l'uniforme m	Uniform *allg*
la tenue	Uniform *(immer mit Zusatz, adj/subst)*
l'arme f **à feu**	Schußwaffe
le fusil [fyzi]	Gewehr
le canon	Kanone; Lauf, Rohr
la balle	Kugel *(Schußwaffe)*
le coup de feu	Schuß
la portée	Reichweite
l'écart m	Abweichung
l'exercice m	Exerzieren, Übung
la défense	Verteidigung, Abwehr
la protection	Schutz, Beistand; Deckung
la ronde	Rundgang, Patrouille
la revue (militaire)	Besichtigung, Parade
le militaire	Soldat
la révision	Musterung
le chasseur	Jäger *(a. Flugzeug)*
le cavalier	Reiter
le génie	Pionierkorps, Pioniere
la permission	Urlaub
la paye, paie [pɛ(j)]	(Wehr-)Sold, Löhnung
s'engager	sich freiwillig melden
affecter (à)	*(einer Einheit)* zuteilen, zuweisen, bestimmen für
viser	zielen
convenable	zweckmäßig, geeignet, passend
exprès [ɛksprɛs], **expresse, expressément** adv	ausdrücklich, formell *(Befehl)*

Sätze und Redewendungen: *faire son service militaire* seiner Wehrpflicht genügen, dienen — *appeler/être sous les drapeaux* einberufen/Soldat sein — *être en permission* in/auf Urlaub sein — *monter la garde* Wache stehen — *être de garde* Wache haben — *relever la garde* die Wache ablösen — *faire la/sa ronde* seine Runde/seinen Rundgang machen — *à portée de fusil/de canon* in Schußweite.

à vos ordres, mon général zu Befehl, Herr General — *être à la tête de l'armée* an der Spitze der Armee stehen — *être le chef suprême* Oberbefehlshaber/Oberster Befehlshaber sein — *passer les troupes en revue* Truppenbesichtigung/Parade abhalten.

36. Militär: Marine, Luftwaffe (cf. 57/58)

Grundwortschatz: cf. 57/58

les forces f **navales et aériennes** / **l'armée** f **de mer et de l'air**	Luft- und Seestreitkräfte
le mille marin	Seemeile *(1852 m)*
le navire-école	Schulschiff
le navire de guerre	Kriegsschiff
le vaisseau	Kriegsschiff
le cuirassé, le bâtiment de ligne	Schlachtschiff
le port de guerre	Kriegshafen
l'avion m **militaire/de chasse**	Militär-/Jagdflugzeug
le chasseur	Jäger, Jagdflugzeug
l'abri m **contre avions**	Luftschutzkeller
l'attaque f **aérienne/par avions**	Luft-/Fliegerangriff
la défense contre avions (D.C.A.)	Luftabwehr, Flak
la vue aérienne	Luftbild
le combat aérien/naval	Luftkampf/Seeschlacht
la base aérienne/navale	Luft-, Flug-/Marinestützpunkt

Sätze und Redewendungen: *faire sauter un navire* ein Schiff in die Luft sprengen — *abattre un avion* ein Flugzeug abschießen/herunterholen.

37. Krieg und Frieden

Grundwortschatz: avance, bataille, camarade, campagne, condition, courage, danger, ennemi, entrée, front, fuite, guerre, horreur, ligne, lutte, matériel, mesure, mort, opération, paix, pansement, perte, position, rencontre, réparation, retraite, révolution, siège, succès, terrain, victime, victoire, violence — attaquer, avancer, blesser, brûler, céder, combattre, conclure, convenir, déclarer, dégager, démolir, détruire, échapper, éclater, écraser, s'emparer de, s'enfuir, entrer, exécuter, fuir, livrer, menacer, mourir, occuper, poursuivre, prendre, reconnaître, reculer, réfugier, remettre, se rendre, réparer, repousser, résister, se retirer, risquer, sauver, signer, troubler, tuer — affreux, brave, dangereux, ennemi, horrible, mort, terrible, violent.

la menace	Drohung, Be-, Androhung
la menace de guerre	Kriegsgefahr
la déclaration de guerre	Kriegserklärung
la guerre civile/de position/de mouvement	Bürger-/Stellungs-/Bewegungskrieg
l'adversaire m	Gegner, Feind
la reconnaissance du terrain	Geländeerkundung
le mot d'ordre	Losung, Parole
l'attaque f	Angriff
la charge	(Sturm-)Angriff
le combat	Kampf, Gefecht
le poste de combat	Gefechtsstand
la prise	Einnahme, Eroberung, Gefangennahme
la conquête	Eroberung
l'occupation f	Besetzung; Besatzung
la résistance	Widerstand
la poursuite	Verfolgung
le triomphe	Triumph, Sieg, glänzender Erfolg
la ruine	Zusammenbruch, Ruin
la destruction	Zerstörung, Vernichtung
le vainqueur	Sieger
le vaincu	Besiegter
le héros/l'héroïne f	Held/in
le lâche	Feigling
le prisonnier/la prisonnière	der/die Gefangene
le disparu	Vermißter, Verschollener
le blessé	Verwundeter
la blessure	Wunde, Verwundung, Verletzung
le poste de secours	Verbandplatz
le parlementaire	Parlamentär, Unterhändler
la convention	Ab-, Übereinkommen, Abmachung
la paix séparée	Sonderfriede(n)
le traité de paix	Friedensvertrag
la conclusion	Abschluß, Abschließen *(Vertrag)*
la conclusion de la paix	Friedensschluß
éclater	ausbrechen *(Krieg)*
attaquer tr	angreifen
charger tr	angreifen *(im Sturm)*

attaquer par surprise	überfallen
percer (qc)	durchbrechen, eindringen (in)
envelopper	umfassen, umzingeln
vaincre	besiegen
envahir (un pays)	(in ein Land) einfallen
conquérir	erobern
faire prisonnier	gefangennehmen
trahir	verraten
ruiner	ruinieren, verwüsten
inquiétant, e	beunruhigend, besorgniserregend
redoutable	furchtbar, furchterregend
inégal, e	ungleich, verschieden
vaillant, e	tapfer, mutig
glorieux, -euse	ruhm-, glorreich, ruhmvoll
héroïque	heldenhaft, heroisch
vainqueur	siegreich
sanglant, e	blutig
prisonnier, -ière	gefangen
tué, e	getötet, gefallen
disparu, e	vermißt, verschollen
lâche	feige

Sätze und Redewendungen: *en cas de guerre* im Kriegsfall — *pendant la guerre* im Krieg — *en temps de guerre/de paix* in Kriegs-/Friedenszeiten — *déclarer la guerre à qn* jdm den Krieg erklären — *donner l'ordre d'attaque* den Befehl zum Angriff geben — *opposer de la résistance (à)* Widerstand leisten — *être supérieur/inférieur en nombre* an Zahl überlegen/unterlegen sein — *mettre l'ennemi en fuite* den Feind in die Flucht schlagen — *subir des pertes considérables* erhebliche/beträchtliche Verluste erleiden — *battre en retraite* den Rückzug antreten — *tomber aux mains de l'ennemi* in die Hände des Feindes fallen — *faire son entrée (dans)* seinen Einzug halten (in) — *se couvrir de gloire* sich mit Ruhm bedecken — *remporter la victoire (sur)* den Sieg davontragen (über) — *à la fin de la guerre* bei Kriegsende, am Ende des Krieges.

IX. Wirtschaft

38. Arbeit und Arbeitsbedingungen

Grundwortschatz: accord, besogne, bureau, employé, expérience, ingénieur, journée, maître, ouvrage, ouvrier, patron, place, poste *m*, travail, travailleur, usine — absorber, achever, augmenter, cesser, gagner, occuper, rapporter, régler, relever, reprendre, terminer, travailler — adroit, capable, dangereux, incapable, pénible, travailleur.

l'office m **du travail**	Arbeitsamt
le personnel	Personal, Belegschaft
le représentant (industriel/de commerce)	(Industrie-/Handels-)Vertreter
le/la secrétaire	Sekretär/in
le chômeur	Arbeitsloser
le chômage	Arbeitslosigkeit
le sans-travail inv	Arbeitsloser
l'occupation f	Beschäftigung, Tätigkeit
le congé	Urlaub(szeit)
les conditions f **de travail**	Arbeitsverhältnisse
l'accident m **du travail**	Arbeitsunfall
l'économie f	Wirtschaft, Wirtschaftlichkeit
l'économie f **politique**	Volkswirtschaft
la convention	Abmachung, Vereinbarung, Abkommen
la réserve	Vorbehalt
la paye/paie [pɛ(j)]	Lohn(zahlung), Löhnung, Wochen- [lohn
le bulletin/l'enveloppe f **de paye**	Lohnzettel/-tüte
épuiser	ermüden, erschöpfen
satisfaire	befriedigen, zufriedenstellen
économique	wirtschaftlich, Wirtschafts-
social, e	sozial, Sozial-, Gesellschafts-
industriel, le	industriell, Industrie-, Gewerbe-
diligent, e	eifrig; sorgfältig
pratique	praktisch, zweckmäßig
énergique	energisch, tatkräftig, wirksam
paresseux, -euse	faul, träge, arbeitsscheu
habile	geschickt, gewandt, tüchtig
indispensable	unentbehrlich, unbedingt notwendig
écrasant, e	erdrückend, übermäßig

Sätze und Redewendungen: *être sans place/sans travail* stellungslos/arbeitslos sein — *se mettre au travail* sich an die Arbeit machen — *se tuer au travail* sich totarbeiten — *avoir une place/un poste de confiance* eine Vertrauensstellung haben.

39. Handwerk (cf. 46)

Grundwortschatz: aiguille, boucher, boulanger, boulangerie, charge, ciseaux, clou, cordonnier, couture, couturière, épingle, fil, forge, forgeron, machine, main, marteau, mécanicien, menuisier, métier, moteur, outil, pelle, pioche, réparation, scie, tailleur — apprendre, attacher, changer, construire, coudre, couper, couvrir, creuser, décharger, décorer, employer, exercer, faire, fixer, forger, installer, peindre, piocher, produire, réparer, serrer, soulever, transformer, tricoter.

Weitere Verben sowie Adjektive cf. 38.

le maçon	Maurer, Bauarbeiter
le charpentier	Zimmermann
le peintre (en bâtiments)	Maler, Anstreicher
le cuisinier/la cuisinière	Koch/Köchin
la boucherie	Fleischer(laden), Metzgerei
la fuite d'eau	(Wasser-)Rohrbruch
l'instrument m	Instrument, Werkzeug, Gerät
le transport	Transport, Beförderung, Versand
bâtir	bauen, erbauen
accrocher qc	etw aufhängen, sich an etw festhaken
raccommoder	flicken, stopfen
repasser	bügeln, plätten
orner (de)	(aus)schmücken, ausstatten (mit)
dorer	vergolden
assembler	zusammenfügen
plaquer (de)	be-, auslegen (mit), furnieren
aiguiser	schleifen, schärfen, wetzen
ajuster	einrichten, -stellen, -passen, eichen
courber	biegen, beugen, krümmen
transporter	transportieren, befördern
fabriquer	verfertigen, herstellen
procurer	ver-, beschaffen, besorgen
utiliser	gebrauchen, verwenden, benutzen
au moyen de	mittels + *Gen.*

40. Industrie (cf. 38/39)

Grundwortschatz: appareil, atelier, cheminée, compagnie, fourneau, machine, marteau, matériel, matière première, provision, société, usine.

Verben und Adjektive cf. 38/39.

l'industrie f	Industrie, Gewerbe, Wirtschaft
l'industrie automobile/ électrique/lourde/-clé/ du bâtiment	Auto-/Elektro-/Schwer-/Schlüsselindustrie/Baugewerbe, -handwerk
l'entreprise f	Unternehmen, Betrieb
l'établissement m	Unternehmen, Werk, Anlage
la mine	Bergwerk, Grube
le bassin houiller	Kohlenbecken
la carrière	Steinbruch
le haut fourneau	Hochofen
le procédé	Verfahren, Prozeß, Vorgang
l'invention f	Erfindung
la pratique	Praxis, praktische Erfahrung
l'industriel m	Industrieller, Gewerbetreibender
le produit	Erzeugnis, Fabrikat, Produkt

Adjektive cf. 38.

41. Rohstoffe und Materialien

Grundwortschatz: argent, bois, brique, caoutchouc, charbon, coton, cuir, eau, fer, fil, laine, matériel, matière, mazout, métal, or, peinture, pétrole, pierre, planche, sable, soie, verre — couler, employer, fondre, forger, travailler — chaud, dur, épais, faux, fin, froid, léger, lourd, mince, poli, précieux, pur, sec, solide, tendre.

Adjektive zu den Stoffnamen werden mittels der Präposition en (*gelegentlich* de) + *Stoffnamen gebildet, z. B.*

un marteau en fer	ein eiserner Hammer, Eisenhammer
une robe en soie	ein seidenes Kleid, Seidenkleid
une montre en or	eine goldene Uhr, Golduhr
une pièce d'argent	eine Silbermünze
des chaussettes en laine/ en coton	Woll-/Baumwollsocken
une valise de/en cuir	ein Lederkoffer
un objet de métal	ein Metallgegenstand
une maison en pierre(s)	ein Haus aus Stein, steinernes Haus
des articles m **en caoutchouc**	Gummiwaren
la houille	(Stein-)Kohle
la houille blanche	weiße Kohle, Wasserkraft
le cuivre (rouge)	Kupfer
le cuivre jaune	Messing

l'acier m	Stahl
le plomb	Blei
l'étain m	Zinn
l'ardoise f	Schiefer, Schiefertafel
la craie	Kreide
le minéral	Mineral
les minéraux	Mineralien, Gesteine
le liquide	Flüssigkeit
utiliser	anwenden, verwenden, benutzen
'houiller, -ère	(Stein-)Kohlen-
liquide	flüssig

Weitere Adjektive cf. Grundwortschatz.

Sätze und Redewendungen: *travailler au fond/dans la mine* unter Tage arbeiten — *le cuivre fond à 1100° (degrés) environ* Kupfer schmilzt bei etwa 1100° (Grad) — *il faut battre le fer pendant qu'il est chaud* man muß das Eisen schmieden, solange es heiß ist.

42. Hausbau: Bau und Planung

Grundwortschatz: abri, château, demeure, disposition, hôtel, maison, palais, place, plan, projet, situation, terrain — adopter, construire, dessiner, dresser, élever, étudier, exécuter, faire, fixer, former, inspirer, manquer, placer, réaliser, réussir — bas, grand, haut, humide, immense, magnifique, neuf, nu, petit, propre, sale, solide, sombre, tranquille, vaste, vieux.

le bâtiment	Bau, Bauwerk, Gebäude
la construction	Bauen, Bauweise, fertiger Bau
le style	Stil, Art
le luxe	Pracht, Prunk, Aufwand, Luxus
tracer	auf-, vorzeichnen, entwerfen
bâtir	bauen, erbauen, errichten
être bien/mal placé, e	einen guten/schlechten Platz haben
s'offrir qc	sich etw leisten
commode	bequem, wohnlich
confortable	komfortabel, behaglich, bequem
'hardi, e	kühn, gewagt
original, e	original, ursprünglich
raisonnable	vernünftig, angemessen
superbe	prächtig, pracht-, prunkvoll

Sätze und Redewendungen: *poser la première pierre* den Grundstein legen — *une maison à deux étages* ein zweistöckiges Haus — *attention/prenez garde à la peinture* Vorsicht! Frisch gestrichen!

43. Hausbau: Gebäude (cf. 54)

Grundwortschatz: appartement, atelier, bain, bureau, cabinet, cave, chambre, cheminée, cour, cuisine, degré, entrée, escalier, étage, fenêtre, grenier, jardin, marche, mur, muraille, pièce, plafond, plancher, porte, puits, salle, salon, sortie, toit — couvrir, demeurer, fermer, habiter, installer, louer, occuper, ouvrir, poser — épais, haut, inférieur, plat, supérieur, vide.

le rez-de-chaussée inv	Erdgeschoß
le corridor	Korridor, Flur, Gang
la galerie	langer Flur; Balkon *(Theater)*
l'ascenseur m	Fahrstuhl, Aufzug
le seuil [sœj]	Türschwelle
le cadre	(Fenster-, Tür-)Rahmen
l'ouverture f	Öffnung [Fenster
la baie	(Fenster-, Tür-)Öffnung, breites
la vitre	Fensterscheibe
la charpente	Gebälk
la tour	Turm
l'horloge f	Turmuhr, öffentliche Uhr
la sonnette	Klingel
la fontaine	Quelle, (Spring-)Brunnen
percer	(durch)brechen *(Mauer, Öffnung)*
ménager	aussparen, vorsehen
accrocher	auf-, anhängen
munir (de)	versehen (mit)
refermer	wieder zumachen, schließen
entrouvrir	halb/ein wenig öffnen
loger (chez)	wohnen (bei)
déménager (avoir)	aus-, umziehen
raide	steil *(Treppe)*

Sätze und Redewendungen: *les Dupont habitent 24, rue Voltaire* Duponts wohnen (in der) Voltairestraße 24 — *ils demeurent au troisième (étage)* sie wohnen im 3. Stock — *leur appartement comprend/se compose de quatre pièces* ihre Wohnung umfaßt/besteht aus vier Räume(n) — *le salon donne sur le jardin/au sud* das Wohnzimmer liegt nach dem Garten/nach Süden.

regarder par la fenêtre aus dem Fenster sehen/schauen — *descendre du vin à la cave* Wein in den Keller bringen — *aller/monter au grenier* auf den Boden/Speicher gehen — *monter sa valise au grenier* seinen Koffer auf den Boden bringen — *l'escalier conduit au grenier* die Treppe führt zum Boden/Speicher — *laisser la porte entrouverte* die Tür halb offen/angelehnt lassen.

44. Möbel, Ausstattung

Grundwortschatz: armoire, banc, bureau, chaise, clé, fauteuil, glace, lampe, linge, lit, matelas, meuble, rideau, siège, table, tableau, tapis — arranger, baisser, casser, déranger, étendre, fixer, installer, mettre, placer, ranger, suspendre — ancien, bas, beau, dur, épais, haut, joli, magnifique, moderne, pauvre, profond, riche, rond, simple, solide.

le ménage	Haushalt, Hausarbeit
le secrétaire	Schreibschrank, Sekretär
le piano	Piano, Klavier
le piano à queue	Flügel
le violon	Violine, Geige
la machine à écrire	Schreibmaschine
le portrait	Porträt, Bild
la pendule	Pendeluhr
le tiroir	Schublade, Schubfach
la couverture	Bettdecke, Decke
le drap (de lit)	Bettuch, Bettlaken
la serviette de bain	Badetuch
accrocher	an-, aufhängen
compléter	vervollständigen, ergänzen
élégant, e	elegant, vornehm, geschmackvoll
carré, e	quadratisch

Sätze und Redewendungen: *ce tapis est d'un joli dessin* dieser Teppich hat ein hübsches Muster — *battre le tapis* den Teppich klopfen — *laisser traîner qc* etw herumliegen lassen — *faire la (sa) chambre* aufräumen — *s'enfoncer dans un fauteuil* sich zurücklehnen/versinken in einem Sessel — *écarter les rideaux* die Gardine(n) beiseiteschieben — *fermer/tirer les rideaux* die Vorhänge zuziehen.

45. Heizung und Beleuchtung

Grundwortschatz: allumette, bois, chaleur, charbon, chauffage, cheminée, courant, électricité, feu, fourneau, foyer, fumée, gaz, lampe, mazout, pile, poêle *m* — allumer, baisser, brûler, chauffer, éclairer, éteindre, étouffer, fumer, tirer — chaud, clair, électrique, épais, froid, obscur, sombre.

le chauffage central	Zentralheizung
la flamme	Flamme
la prise de courant	Steckdose
la boîte d'allumettes	Schachtel Streichhölzer
le tuyau (de poêle)	Rohr (Ofenrohr)
s'éteindre	ausgehen, erlöschen
se dégager	entströmen, sich entwickeln *(Wärme, Rauch)*
sortir (de)	entströmen *(Rauch)*
jaillir [ʒaji:r]	sprühen *(Funken)*
bien éclairé, e	gut erleuchtet, hell

Sätze und Redewendungen: *le poêle est allumé* der Ofen brennt — *il répand une douce chaleur* er verbreitet eine angenehme Wärme — *l'allumette ne prend pas* das Streichholz entzündet sich nicht — *mettre une casserole sur le feu* einen Topf aufsetzen/aufs Feuer stellen — *faire installer le chauffage central* Zentralheizung legen lassen.

46. Haushaltsgegenstände (cf. 39)

Grundwortschatz: appareil, balai, boîte, brosse, casserole, chiffon, corde, couvercle, cuvette, échelle, ficelle, filet, lame, manche *m*, marmite, panier, planche, pot, sac, seau — arracher, attacher, creuser, détacher, enfoncer, enlever, essuyer, fixer, frotter, lier, marcher, nettoyer, ôter, remplir, réparer, vider — ménager, nécessaire, neuf, pointu, solide, utile.

le plateau	Tablett
la caisse	Kiste, Kasten
le tuyau	Rohr
le crochet	Haken, Häkchen
la chaîne	Kette
la barre	Stange, Eisenstange, Stab
la plaque	Platte
le rouleau	Rolle, Walze
le ressort	Feder *(tech)*
l'élastique m	Gummiband
le récipient	Behälter, Gefäß
le moulin à café	Kaffeemühle

le fer à repasser	Bügel-, Plätteisen
la cire	Wachs
la colle	Leim, Klebstoff, Kleber
accrocher	an-, aufhängen
défaire	aufmachen, -knoten, lösen *(Schnur)*
moudre	mahlen *(Kaffee)*
repasser	bügeln, plätten
polir	polieren, putzen, schleifen
gratter	(ab)kratzen, schaben
indispensable	unentbehrlich, unbedingt notwendig
lâche	lose, locker, schlaff *(Leine)*
tendu, e	straff, fest *(Leine)*
collant, e	klebrig, Klebe-

Sätze und Redewendungen: *donner un coup de balai à une chambre* ein Zimmer rasch/oberflächlich ausfegen — *essuyer la poussière* Staub wischen — *prendre qc par le manche* etw am Stiel (an)fassen — *attacher/lier qc avec une ficelle* etw mit einem Bindfaden befestigen/anbinden — *appuyer une échelle contre un mur* eine Leiter an/gegen eine Wand stellen/lehnen.

47. Großhandel (cf. 48/49)

Grundwortschatz: affaire, agent, article, besoin, boîte, bureau, client, commerce, compagnie, compte, dépense, directeur, employé, frais, magasin, marché, objet, paquet, perte, pièce, poids, prix, profit, reçu, retard, société — s'associer, baisser, commander, demander, dépenser, établir, fonder, fournir, gagner, lancer, livrer, marquer, monter, perdre, profiter, rapporter, subir — cher, précieux, solide.

le commerce de/en gros	Großhandel
la chambre de commerce	Handelskammer
la maison de commerce	Handelshaus, Geschäftsunternehmen
la société anonyme/par actions (S. A.)	Aktiengesellschaft (A.G.)
l'entreprise f **commerciale**	kaufmännischer Betrieb
l'échange m	Tausch, Umtausch
le commerce d'échange	Tauschhandel
le libre-échange	Freihandel
la responsabilité	Haftung
le plein pouvoir	Vollmacht
le/la propriétaire	Geschäftsinhaber/in

la marchandise	Ware
la marque	Marke, Fabrikzeichen
l'offre f	Angebot, Offerte
l'ordre m, **la commande**	Auftrag, Order
le bulletin de commande	(Waren-)Bestellschein
la demande	Nachfrage
le chiffre d'affaires	Umsatz
la liste	Liste, Verzeichnis
le mémoire	Aufstellung, (Be-)Rechnung
la facture	Rechnung
le bénéfice, le profit	Gewinn, Vorteil, Nutzen
la réclamation	Reklamation, Beschwerde, Beanstandung
la plainte	Klage *(Gericht)*
la douane	Zoll(behörde)
la déclaration (en douane)	Zollerklärung
les droits m **de douane**	Zollgebühren
s'établir	sich niederlassen, ein Geschäft gründen
profiter de	ausnutzen, Nutzen ziehen aus
profiter à	Vorteil/Gewinn bringen, zugute kommen
répondre à	(be)antworten; entsprechen
répondre de	bürgen/haften für
placer	absetzen, an den Mann bringen
confirmer	bestätigen *(Auftrag)*
faire faillite [fajit]	in Konkurs geraten
commercial, e	kaufmännisch, Handels-
raisonnable	vernünftig, angemessen *(Preis)*
convenable	passend, angemessen *(Preis)*
(à) bon marché inv	billig, preiswert
sans valeur	wertlos
ferme	fest *(Kauf, Verkauf)*
sauf prp	außer, vorbehaltlich

Sätze und Redewendungen: *faire du commerce* Handel treiben — *être dans le commerce* im Handel tätig sein — *avoir des besoins en* Bedarf haben an — *selon/suivant les besoins* nach Bedarf — *avoir en magasin* vorrätig/auf Lager haben — *avoir en provision* vorrätig haben — *tirer profit de* Nutzen ziehen aus — *réaliser des bénéfices/profits* Gewinne erzielen — *au prix convenu (de)* zum vereinbarten Preis (von) — *les affaires ont augmenté/diminué d'un tiers* die Geschäfte/Abschlüsse haben um ein Drittel zu-/abgenommen — *donner lieu à des réclamations* zu Reklamationen/Beanstandungen Anlaß geben.

48. Bank (cf. 47)

Grundwortschatz: action, argent, billet, centime, compte, franc, intérêt, livre *f*, monnaie, or, pièce, sou, terme, valeur — acquérir, avancer, déposer, devoir, placer, prêter, retenir, réunir.

Weitere Verben sowie Adjektive cf. 47; 49.

la banque	Bank(haus), Bankgeschäft
les heures f d'ouverture des guichets	Kassen- und Schalterstunden
la bourse	Börse
l'ouverture f de la bourse	Börsenbeginn
le billet de banque	Banknote
le chèque (de)	Scheck, Bankanweisung (über)
la formule	Vordruck, Formular
la formule de chèque	Scheckformular
la commission	Kommission, Provision
emprunter (à)	borgen (von, bei)
circuler	im Umlauf sein, zirkulieren
balancer	abrechnen, ausgleichen *(Konto)*
liquide	flüssig, schuldenfrei

Sätze und Redewendungen: *porter de l'argent à la banque* Geld auf die/zur Bank bringen — *déposer de l'argent dans une banque* Geld auf die Bank legen — *avoir de l'argent/un compte en banque* Geld/ein Konto auf der Bank haben — *ouvrir un compte* ein Konto eröffnen — *faire un versement à la caisse* Geld einzahlen — *retirer de l'argent* Geld abheben — *établir un chèque* einen Scheck ausstellen — *payer un chèque* einen Scheck bezahlen/einlösen — *un chèque sans provision* ungedeckter Scheck — *placer son argent en valeurs* sein Geld in Wertpapieren anlegen — *prêter à intérêt* auf Zins ausleihen.

49. Kleinhandel (cf. 47/48)

Grundwortschatz: boucher, boulanger, boulangerie, client, épicerie, épicier, magasin, marchand, marché, patron, prix, rayon — acheter, choisir, coûter, envelopper, essayer, offrir, payer, servir, valoir, vendre — cher, précieux, solide.

l'ouverture f	Eröffnung *(Geschäft)*
le commerce de détail	Kleinhandel, Einzelhandel
le grand magasin	Warenhaus, Kaufhaus

le chef de rayon	Abteilungsleiter
le rayon de blanc	Weißwarenabteilung
le marchand de fleurs	Blumenhändler
la boutique	Laden, kleines Geschäft
le magasin de chaussures/ de modes/de blanc	Schuh-/Modewaren-/Wäsche-geschäft
la boucherie	Fleischerei, Metzgerei, Schlächterei
le bureau de tabac	Tabakladen *(staatlich)*
l'achat m	(Ein-)Kauf
la vente	Verkauf
le vendeur/la vendeuse	Verkäufer/in
la note	Rechnung
la caisse	Kasse
le payement (paiement)	Zahlung, Bezahlung
les facilités f **de paiement**	Zahlungserleichterungen, bequeme Zahlungsbedingungen
la réclamation	Reklamation, Beanstandung, Beschwerde

Adjektive cf. 47.

Sätze und Redewendungen: *faire des achats* Einkäufe machen — *faire les courses/les commissions* Besorgungen machen, einkaufen — *en vente dans/chez* erhältlich in/bei — *vendre au poids/à la pièce* nach Gewicht/nach Stück verkaufen — *à tout prix/coûte que coûte* um jeden Preis/koste es, was es wolle — *à tous les prix* in jeder Preislage — *au prix de* zum Preise von — *à moitié prix* zum halben Preis — *(il n'y a) rien à faire* (es ist) nichts zu machen.
pouvez-vous me rendre la monnaie sur 100 F? können Sie mir auf 100 F herausgeben? — *pouvez-vous me faire de la monnaie/me faire la monnaie de 100 F?* können Sie wechseln/100 F wechseln? — *je n'ai pas de monnaie* ich habe kein Kleingeld — *je n'ai pas d'argent sur moi* ich habe kein Geld bei mir.

Aktionsreihe: *Mme Dupont entre dans un magasin* Frau Dupont geht in ein Geschäft — *on vous sert déjà, madame?* werden Sie schon bedient, gnädige Frau? — *vous désirez, madame?* was darf es sein? Sie wünschen? — *je voudrais voir des blouses* ich möchte mir Blusen ansehen — *elle se fait montrer des blouses* sie läßt sich Blusen zeigen — *elle fait son choix* sie sucht aus/trifft ihre Wahl — *je vous conseille de prendre cette blouse-ci* ich rate Ihnen zu dieser Bluse/diese Bluse zu nehmen — *elle vous va bien* sie steht Ihnen gut — *et avec cela, madame?* und sonst/außerdem noch etwas? — *c'est tout* das ist alles — *faut-il vous l'envelopper?* soll ich sie Ihnen einwickeln? — *Mme Dupont va à la caisse, règle sa note et sort du magasin* Frau Dupont geht zur Kasse, bezahlt ihre Rechnung und verläßt das Geschäft.

50. Restaurant, Café, Hotel

a) Allgemein

Grundwortschatz: allumette, arrivée, assiette, bouteille, café, carte, chambre, choix, cigarette, client, couteau, couvert, cuiller, déjeuner, départ, dîner, entrée, fourchette, fumée, garçon, hôtel, paquet, plat, prix, régime, repas, restaurant, service, serviette, tabac, tasse, verre, voyageur — allumer, arriver, choisir, commander, composer, contenter, déjeuner, descendre, dîner, essuyer, fumer, inviter, laver, mettre, nettoyer, passer, payer, plier — creux, plat.

le souper	(spätes) Abendessen, Nachtmahl
le goûter	(Nachmittags-)Kaffee
le menu	Menü, Speisenfolge
la carte des boissons	Getränkekarte
le hors-d'œuvre	Vorspeise
le dessert	Nachtisch, Dessert
la nappe	Tischtuch
le plateau	Tablett
l'addition f	Rechnung
le pourboire	Trinkgeld
la pension complète	volle Pension, Vollpension
la demi-pension	Halbpension
la pension de famille	Fremdenheim
l'auberge f	Herberge, Wirtshaus, Wirtschaft
l'auberge de (la) jeunesse	Jugendherberge
l'hôte m/**l'hôtesse** f	Wirt/in, Gastgeber/in; Gast
le chasseur	Hotelboy, Page
les bagages m	Gepäck
la pipe	Pfeife
goûter	Kaffee trinken *(nachmittags)*, vespern
souper	zu Abend essen
recommander	empfehlen
réclamer	reklamieren, beanstanden
bien tenu, e	gut geführt
soigné, e	gepflegt
raisonnable	vernünftig, angemessen
bon marché inv	billig

Sätze und Redewendungen: *être/aller à table* bei Tisch sein/zu Tisch gehen — *pendant le repas* bei Tisch, während des Essens — *au dessert* beim Nachtisch — *comme dessert* als/zum Nachtisch — *à la carte* nach der Karte — *un menu à prix fixe* ein Menü zum festen Preis — *tout/service compris* alles/Bedienung inbegriffen *(im Preis)* — *bon* *appétit* guten Appetit! — *manger dans une assiette* aus einem Teller essen — *puis-je vous demander du feu?* darf ich Sie um Feuer bitten? — *passer la nuit* übernachten — *quel est le prix de cette chambre?* wie teuer ist/was kostet dieses Zimmer?

b) Essen

Grundwortschatz: beurre, bœuf, cuisine, faim, farine, filet, fromage, fruit, gâteau, glace, goût, huile, légume, mouton, œuf, pain, pâte, poisson, pomme (de terre), poule, poulet, provision, sel, soupe, sucre, veau, viande — cuire, manger, mourir de faim, préférer, préparer, supporter — dur, fin, gras, gros, maigre, mou, prêt, tendre.

l'appétit m	Appetit
la nourriture	Nahrung, Speise, Verpflegung
le porc [pɔ:r]	Schwein(efleisch)
le lapin	Kaninchen
le lièvre	Hase
le gibier	Wild(bret)
le canard	Ente
le rôti	Braten
la côte	Rippe; Kotelett
le jus	Fleischsaft
l'oignon [ɔɲõ] m	Zwiebel
la poire	Birne
la pêche	Pfirsich
la fraise	Erdbeere
le raisin	(Wein-)Traube
la noix	Nuß, Walnuß
le bonbon	Bonbon
la confiture	Konfitüre, Marmelade
goûter tr	abschmecken, probieren
avoir bon/mauvais goût **être bon/mauvais**	gut/schlecht schmecken *itr*
apprêter	zubereiten
cru, e	roh, ungekocht
cuit, e	gekocht, gebacken
gâté, e	verdorben, faul *(Obst)*

Sätze und Redewendungen: *demander un peu de pain* um etwas Brot bitten — *mettre/étendre du beurre sur son pain* Butter auf sein Brot streichen — *du sucre en morceaux/en poudre* Würfel-/Puderzucker — *bien/trop cuit, e* gut/zu stark durchgebacken/durchgebraten. *avoir l'estomac creux/vide* einen leeren Magen haben — *apaiser sa faim* seinen Hunger stillen — *manger à sa faim* sich satt essen — *manger de bon appétit* mit gutem Appetit essen — *l'appétit vient en mangeant* der Appetit kommt mit dem Essen.

c) Trinken

Grundwortschatz: café, chocolat, eau, lait, thé, trait, vin — boire, boucher, bouillir, chauffer, préférer, remplir, renverser, supporter, vider — amer, chaud, doux, épais, excellent, fort, frais, froid, léger.

la boisson	Getränk
la bière	Bier
le jus de fruits/de raisin	Obst-/Traubensaft
l'eau f gazeuse	Brause, Sprudel
l'eau f minérale	Mineralwasser
le bouchon	Korken, Stopfen
la crème	Sahne
aigre	sauer (im Geschmack; nicht mehr süß)
acide	sauer, säuerlich *(von Natur aus)*
brûlant, e	kochend heiß
ardent, e	brennend *(Durst)*
délicieux, -euse	köstlich
exquis, e	auserlesen, wohlschmeckend
sain, e	gesund

Sätze und Redewendungen: *le boire et le manger* Essen und Trinken *(Reihenfolge!)* — *boire à même (la bouteille)* aus der Flasche trinken — *calmer/apaiser sa soif* seinen Durst löschen — *aimer (à) boire* gern trinken — *boire à la santé de ses hôtes* auf die Gesundheit seiner Gäste trinken — *à votre santé* Antwort: *à la vôtre* zum Wohle! Pros(i)t! — *j'aime le vin chaud* ich trinke gern Glühwein — *couper son vin (avec de l'eau)* seinen Wein (mit Wasser) verdünnen — *faire du café* Kaffee machen/kochen — *prendre du café au lait* Milchkaffee trinken.

51. Reichtum, Armut

Grundwortschatz: aide *f*, argent, besoin, dépense, fortune, intérêt, misère, moyens, propriété, ressource, terre, valeur — acquérir, aider, arriver, consacrer, contenter, dépenser, déposer, s'élever, jouir, laisser, partager, parvenir, placer, plonger, posséder, réduire, souffrir, supporter — affreux, content, dur, extrême, humain, immense, misérable, pauvre, propre, riche.

la richesse	Reichtum, Wohlstand, -habenheit
le nouveau riche	Neureicher
le/la propriétaire	Besitzer/in, Eigentümer/in
le bien/les biens m	Hab und Gut/Landbesitz
le trésor	Schatz
la rente/les rentes f	Rente/Einkünfte, Einkommen
la pension	Pension
le don	Gabe, Spende
la dette	Schuld
la crise économique	Wirtschaftskrise
consister (en, dans)	bestehen (in, aus)
s'accroître	sich vermehren, größer werden
courir (après)	jagen (nach)
ménager qc	sparsam umgehen mit *(Geld, Kräften)*
amasser	auf-, anhäufen, sparen
généreux, -euse	freigebig, großzügig, -herzig
cruel, le	grausam, unmenschlich, hart

Sätze und Redewendungen: *il a fait fortune* er ist reich geworden — *ses richesses consistent en terres* sein Reichtum besteht aus Ländereien/Landbesitz — *il vit de ses rentes* er lebt von seinem Vermögen.

il fait beaucoup de bien aux pauvres er tut den Armen viel Gutes — *être dans le besoin* in Not/Armut sein — *en cas de/au besoin* im Notfall, notfalls — *réduire à la misère* ins Elend bringen — *faire don de qc (einem Armen)* etw schenken — *faire cadeau de qc* schenken, ein Geschenk machen — *jeter l'argent par les fenêtres* das Geld zum Fenster hinauswerfen — *l'argent ne fait pas le bonheur* Geld macht nicht glücklich.

52. Landwirtschaft: Ackerbau (cf. 54)

Grundwortschatz: blé, campagne, champ, charrue, cultivateur, culture, domaine, farine, ferme, foin, grenier, matériel, moisson, paille, paysan, pelle, pomme de terre, prairie, propriété, puits, récolte, sol, tabac, tas, terrain, terre, vigne, village, vin — arracher, charger, couper, creuser, cultiver, décharger, louer, planter, pousser, ramasser, récolter, retourner, semer — humide, jaune, maigre, mouillé, mûr, sec, vert.

l'auberge f	Wirtshaus
le/la propriétaire	Eigentümer/in, Besitzer/in
le grand propriétaire	Großgrundbesitzer
le petit propriétaire	Kleinbauer

les biens m	Güter, Landbesitz
la servante	Magd
la nourriture	Nahrung, Futter, Fressen
le travail des champs	Feldarbeit
la boue	Dreck, Schmutz, Schlamm
le moulin	Mühle
le moulin à eau/à vent	Wasser-/Windmühle
le grain	Korn, Körnchen *(Sand)*
le grain de blé/de raisin	Weizenkorn/Weinbeere
les céréales f	Korn, Getreide
le grenier à foin/à blé	Heuboden/Getreide-, Kornspeicher
le raisin	(Wein-)Traube
la tige	Halm *(Getreide)*
la pioche	(Kreuz-, Spitz-)Hacke
le produit	Ertrag *(Ernte)*, Produkt, Erzeugnis
labourer	pflügen
piocher	hacken
croître	wachsen, größer werden
actif, -ve	aktiv, tatkräftig, rührig
doré, e	golden, goldbraun

Sätze und Redewendungen: *vivre à la campagne* auf dem Lande wohnen, leben — *se promener dans une prairie* auf einer Wiese spazierengehen — *les blés ont belle apparence* das Getreide steht gut — *couper/battre le blé* das Getreide mähen/dreschen — *mettre le foin en tas* das Heu in Haufen setzen.

53. Landwirtschaft: Viehzucht, Tiere

Grundwortschatz: aile, âne, animal, bec, bête, bœuf, chat, cheval, chèvre, chien, cochon, coq, corne, dos, insecte, laine, lait, mouche, moustique, mouton, œuf, oiseau, patte, peau, pied, plume, poisson, poule, poulet, queue, serpent, tête, vache, veau — attacher, boire, chanter, détacher, dresser, élever, garder, lâcher, manger, mordre, nager, obéir, piquer, remuer — domestique, doux, méchant, vif.

le troupeau	Herde
le porc [pɔ:r]	Schwein
le canard	Ente
le lapin	Kaninchen, Karnickel
le rat	Ratte
le poil	(Körper-, Bart-)Haar(e)
la gueule	Maul, Schnauze, Rachen

la patte de devant/de [derrière	Vorder-/Hinterpfote
le sabot	Holzschuh; Huf
le fer à cheval	Hufeisen
le nid	Nest
s'envoler	weg-, ab-, davonfliegen
se glisser	sich gleiten lassen, schlängeln
gémir	winseln
siffler	zischen, pfeifen
caresser	streicheln, liebkosen
nuire (à)	schaden
sauvage	wild, ungezähmt, ungebändigt
féroce	wild, reißend, schrecklich

Sätze und Redewendungen: *conduire un troupeau* eine Herde vor sich her treiben — *donner à manger aux vaches* die Kühe füttern — *faire manger/boire* füttern/tränken — *aller au pas* im Schritt gehen — *siffler son chien* nach seinem Hund pfeifen — *attention, chien méchant* Vorsicht! Bissiger Hund! — *marcher à quatre pattes* auf allen vieren gehen/kriechen — *donner des coups de cornes à qn* jdn mit den Hörnern stoßen — *battre des ailes* mit den Flügeln schlagen.

54. Gartenbau (cf. 52)

Grundwortschatz: arbre, bouton, branche, feuille, fleur, fruit, herbe, jardin, légume, peau, pioche, plante, pomme, rose — être en fleur, piocher, sentir, tailler, tomber — amer, blanc, creux, doux, dur, frais, mince, mort, mou, ouvert, rose, rouge, tendre.

le fossé	Graben
la haie	Hecke, Zaun
le buisson	Strauch, Gebüsch, Busch
la planche	(Gemüse-)Beet *(rechteckig)*
le carré de légumes	Gemüsebeet *(quadratisch)*
le parc [park]	Park
l'allée f	Gartenweg, Allee
le sentier	Pfad, Fußweg
la pelouse [p(ə)lu:z]	Rasen(platz)
le chêne	Eiche
la racine	Wurzel
le tronc [trõ]	Stamm
la tige	Stiel, Stengel
la poire	Birne
la fraise	Erdbeere

la pêche	Pfirsich
la baie	Beere
la noix	Nuß, Walnuß
la coquille (de noix)	Nußschale
l'oignon [ɔɲõ] m	Zwiebel
le bouquet	(Blumen-)Strauß, Bund
la couronne	Kranz
cueillir [kœji:r]	pflücken *(Obst, Blumen)*
fleurir	(auf)blühen, in Blüte stehen
soigné, e	gepflegt
abandonné, e	vernachlässigt, verwahrlost
sauvage	wild(wachsend), unkultiviert
exquis, e	auserlesen, ausgesucht, fein
délicieux, -euse	köstlich
acide	sauer *(von Natur aus)*

Sätze und Redewendungen: *faire un bouquet de roses* einen Rosenstrauß binden — *les roses répandent une odeur/un parfum agréable* die Rosen verbreiten einen angenehmen Duft — *cela sent la rose* es duftet nach Rosen — *arracher des pommes de terre* Kartoffeln roden/ernten — *mauvaise herbe croît toujours* Unkraut wächst immer/vergeht nicht.

X. Verkehr, Reisen

55. Post

Grundwortschatz: adresse, appareil, appel, boîte, carte, coup, employé, enveloppe, facteur, fil, journal, lettre, nouvelle, paquet, port, poste, série, télégramme, téléphone, timbre-poste — adresser, appeler, couper, échanger, envoyer, établir, plier, recevoir, remettre, retourner, télégraphier, téléphoner, vider — ordinaire, rare.

le guichet	Schalter
les heures f **d'ouverture des guichets**	Schalterstunden
la boîte postale	Postschließfach
la communication	Mitteilung, Verbindung *(tele)*
l'envoi m	Sendung
le message	Botschaft, Nachricht, Durchsage
la formule	Vordruck, Formular
la lettre recommandée	Einschreiben, eingeschriebener Brief

par exprès [ɛksprɛs]	per Eilboten
la lettre expresse	Eilbrief
le colis exprès [ɛksprɛs]	Eilpaket
la dépêche	Depesche, Telegramm
le mandat(-poste)	Postanweisung, Zahlkarte
l'expéditeur m **(exp.)**	Absender (Abs.)
le destinataire	Empfänger
le recto	Vorderseite
le verso	Rückseite
le chèque postal	Postscheck
le compte de chèque postal/chèques postaux	Postscheckkonto
le télégraphe	Telegraph
la télégraphie sans fil (T.S.F.)	drahtlose Telegraphie, Rundfunk, Radio
le poteau (télégraphique)	(Telegraphen-)Mast, Stange
le colis (postal)	(Post-)Paket
le transport	Beförderung
le papier à lettres	Briefpapier
l'amateur m **de timbres**	Briefmarkenliebhaber, -freund
l'échange m	Tausch, Austausch *(Briefmarken)*
le numéro	Nummer *(tele)*
allô	hallo! *(tele)*
l'entretien m **téléphonique**	Telefongespräch
coller qc/sur	etw zukleben/aufkleben (auf)
transporter	befördern, transportieren
faire recommander	einschreiben lassen
faire suivre	nachsenden
renvoyer	zurückschicken
dicter	diktieren
postal, e	postalisch, Post-
télégraphique	telegraphisch, Telegraphen-
franc, franche de port	portofrei
en port dû	portopflichtig
recommandé, e	eingeschrieben
central, e	Zentral-, Haupt-*(Postamt)*

Sätze und Redewendungen: *le facteur est-il déjà passé?* ist die Post schon durch? — *le facteur n'a rien apporté?* ist nichts mit der Post gekommen? — *la date de la poste* das Datum des Poststempels — *le télégramme était ainsi conçu* das Telegramm hatte folgenden Wortlaut — *prière de faire suivre* bitte nachsenden! — *en ville* hier *(Adresse)*.

mettez-moi en communication avec/donnez-moi Paris, s'il vous plaît verbinden Sie mich bitte mit Paris/geben Sie mir bitte Paris! — *Paris ne répond pas* Paris meldet sich nicht — *la ligne est dérangée/occupée* die Leitung ist gestört/besetzt — *ne quittez pas* bleiben Sie am Apparat — *fausse communication, erreur de communication* falsch verbunden — *j'ai appris cela par téléphone* das habe ich telefonisch erfahren.

Aktionsreihe: *j'ai écrit une lettre de deux pages à mon ami* ich habe einen zwei Seiten langen Brief an meinen Freund geschrieben — *n'oubliez pas de signer la lettre* vergessen Sie nicht, den Brief zu unterschreiben — *mettez l'adresse du destinaire au recto de l'enveloppe et celle de l'expéditeur au verso* setzen/schreiben Sie die Anschrift des Empfängers auf die Vorderseite, die des Absenders auf die Rückseite des Briefumschlags — *fermez/collez l'enveloppe* verschließen Sie den Umschlag/kleben Sie den Umschlag zu — *mettez la lettre à la poste* geben Sie den Brief auf die Post — *allez à la poste/au bureau de poste et demandez/achetez au guichet quelques timbres à 25 centimes* gehen Sie zur Post und kaufen Sie am Schalter ein paar 25-Centimes-(Brief-)Marken — *collez un timbre de 25 centimes sur l'enveloppe* kleben Sie eine 25-Centimes-Marke auf den Brief(umschlag) — *le port d'une lettre ordinaire est de 25 centimes* das Porto für einen gewöhnlichen Brief beträgt 25 Centimes — *envoyez la lettre «par avion»/poste restante (bureau central)* senden Sie den Brief „per Luftpost"/(Haupt)postlagernd — *mettez/jetez la lettre à la boîte (aux lettres)* werfen Sie den Brief ein/in den (Brief-)Kasten!

56. Eisenbahn

Grundwortschatz: accident, agent, aiguille, arrivée, billet, chauffeur, chef de gare, chemin de fer, classe, départ, distance, employé, entrée, frontière, fumée, gare, glace, ligne, marche, mécanicien, passage, place, quai, queue, retard, retour, sortie, terme, tête, train, valise, vapeur, visite, vitesse, voie, voiture, voyage, voyageur, wagon — aller, annoncer, arrêter, arriver, changer, continuer, déclarer, descendre, entrer, franchir, interrompre, manquer, marcher, marquer, monter, occuper, partir, peser, prendre, présenter, prolonger, relever, se rendre, réserver, rouler — dernier, léger, lent, libre, long, lourd, ouvert, plein, premier, rapide, spécial, vide.

la station	Station, Bahnhof, Haltestelle
le guichet	Schalter, Fahrkartenausgabe
l'aller m	Hinfahrt
un (billet d')aller et retour	Rückfahrkarte, einmal „hin und zurück"

le ticket de quai	Bahnsteigkarte
la salle d'attente	Wartesaal
le bureau de renseignements	Auskunft(sbüro)
l'heure f **du départ/de l'arrivée**	Abfahrt/Ankunft (des Zuges)
le train de voyageurs	Personenzug *(Gegensatz: Güterzug)*
le train de marchandises	Güterzug
le train omnibus/direct	Personen-/Eilzug
l'express m, **le train express**	D-, Schnellzug
le (train) rapide	FD-, Fernschnellzug
le wagon-lit/-restaurant	Schlaf-/Speisewagen
la locomotive	Lokomotive
la gare des marchandises	Güterbahnhof
les marchandises de petite/de grande vitesse	Fracht-/Eilgut
le garde-voie	Bahnwärter
la barrière	Schranke
le signal	Signal
l'arrêt m	Halt, (An-)Halten, Stillstand
les bagages m **(à main)**	(Hand-)Gepäck
les petits bagages	Handgepäck
le bulletin de bagages	Gepäck(aufbewahrungs)schein
la malle	(Reise-)Koffer
le filet	Gepäcknetz
le métro	Untergrundbahn, U-Bahn
la douane	Zoll(behörde)
le bureau de la douane	Zollamt
les droits m **de douane**	Zollgebühr(en)
la visite des bagages	Gepäckkontrolle
le passeport	Paß
le visa	Visum, Sichtvermerk
le visa d'entrée/de sortie	Einreise-/Ausreisevisum
signaler	anzeigen, -kündigen, signalisieren
fouiller	durchsuchen, kontrollieren *(Gepäck)*
filer	sehr schnell fahren, rasen
commode	bequem
occupé, e	besetzt
vis-à-vis (de)	gegenüber

Aktionsreihen: *faire sa valise* seinen Koffer packen — *mettre des vêtements dans sa valise* Kleider in seinen Koffer packen/einpacken — *prendre un taxi pour aller à la gare* eine Taxe nehmen, um zum Bahn-

hof zu fahren — *payer le chauffeur* den Fahrer bezahlen — *aller au guichet et prendre un billet pour Paris* zum Schalter gehen und eine Fahrkarte nach Paris lösen — *une première aller et retour Paris* eins erster hin und zurück Paris/eine Rückfahrkarte erster Klasse nach Paris — *présenter son billet à l'agent* dem Beamten seine Fahrkarte vorzeigen — *conserver son billet* seine Fahrkarte aufheben.
le train a dix minutes de retard der Zug hat 10 Minuten Verspätung — *le train a trois minutes d'arrêt* der Zug hat 3 Minuten Aufenthalt — *faire ses adieux à ses amis* sich von seinen Freunden verabschieden — *souhaiter bon voyage à ses amis* seinen Freunden eine gute Reise wünschen — *en voiture!* einsteigen, bitte! — *baisser la glace* das Fenster herunterlassen/öffnen — *le train s'ébranle* der Zug setzt sich in Bewegung.
le train s'arrête à toutes les stations der Zug hält überall — *le train passe sur un pont* der Zug fährt über eine Brücke — *ne pas se pencher en dehors* nicht hinauslehnen — *ne pas ouvrir avant l'arrêt (complet) du train* nicht öffnen, bevor der Zug hält — *arriver à la frontière* an der Grenze ankommen — *faire viser son passeport* seinen Paß abstempeln lassen — *la visite des bagages se fait/a lieu à la frontière/dans le train* die Gepäckkontrolle findet an der Grenze/im Zuge statt — *vous pouvez passer un paquet de cigarettes sans payer de droits* Sie dürfen ein Päckchen Zigaretten zollfrei über die Grenze mitnehmen — *le reste est soumis aux droits de douane* das übrige ist zollpflichtig — *payer les droits de douane (sur)* Zoll bezahlen (auf).
atteindre le terme/arriver au terme de son voyage sein Reiseziel erreichen/an seinem Reiseziel ankommen — *tout le monde descend!* alles aussteigen! — *remettre son billet à l'agent* seine Fahrkarte dem Beamten abgeben — *au retour/à mon retour* bei der/meiner Rückkehr.

57. Schiff (cf. 36; 56)

Grundwortschatz: bateau, capitaine, cheminée, côte, lac, mer, pêcheur, perte, port, promenade, rivière — couler, croiser, mouiller, pêcher — calme, clair, dangereux, furieux, immense, profond, tranquille.

le navire	(See-)Schiff
le navire de commerce	Handelsschiff
le bateau de pêche	Fischerboot
le canot	Boot, Kahn
la rame	Ruder
la voile	Segel
la barre	(Steuer-)Ruder

le pilote	Steuermann
le marin	Seemann, Schiffer, Matrose
le passager/la passagère	Passagier, Fahrgast
le bord	Ufer, (Schiffs-)Bord
la rive	Ufer *(Fluß)*
le fleuve	Fluß, Strom
le bassin	Becken, Hafenbecken
la haute/pleine mer	offene/hohe See
la tempête	Sturm
la vague	Welle, Woge
le mal de mer	Seekrankheit
la voie d'eau	Wasserstraße; Leck
la coquille	Muschel, Schneckenhaus
aborder	landen, anlegen, anlaufen
flotter	flattern *(Fahne)*; schwimmen, treiben
nager	schwimmen
s'embarquer (pour)	sich einschiffen (nach)
gouverner	steuern
ramer	rudern
rouler	schlingern
naval, e (navals, navales)	See-, Marine-
marin, e	seemännisch, -fahrend, Meer-
agité, e	bewegt, aufgeregt, unruhig *(Meer)*
confortable	bequem, gemütlich, komfortabel

Sätze und Redewendungen: *transporter sur l'autre rive* übersetzen — *faire du canot* Boot fahren, rudern — *toucher un port* einen Hafen anlaufen.

Aktionsreihe: *Mlle Dupont veut se rendre à/s'embarquer pour New York* Frl. Dupont will sich nach New York begeben/einschiffen — *elle s'est informée du jour et de l'heure du départ* sie hat sich nach Tag und Stunde der Abfahrt erkundigt — *elle veut prendre le prochain bateau* sie will mit dem nächsten Schiff fahren — *le bateau est prêt à partir* das Schiff ist klar zum Auslaufen — *Mlle Dupont se rend/monte à bord avec les autres passagers* Frl. Dupont begibt sich/geht an Bord mit den anderen Passagieren — *elle se promène sur le pont* sie geht an Deck spazieren — *le bateau quitte le port et gagne la haute mer* das Schiff läuft aus und erreicht die offene See — *le bateau marche à toute vapeur* das Schiff fährt mit Volldampf — *une terrible tempête éclate* ein furchtbarer Sturm bricht los — *Mlle Dupont a le mal de mer* Frl. Dupont ist seekrank — *le vent s'apaise, la mer redevient plus calme* der Wind legt sich, das Meer wird wieder ruhiger/beruhigt sich wieder — *Mlle Dupont va beaucoup mieux quand la côte américaine apparaît/est en vue* es geht Frl. Dupont viel besser, als die amerikanische Küste in Sicht kommt/in Sicht ist — *le bateau entre dans le port, et Mlle Dupont descend à terre* das Schiff fährt in den Hafen ein, und Frl. Dupont geht an Land.

58. Flugzeug (cf. 36; 56)

Grundwortschatz: aile, avion, capitaine, chute, danger, essence, fauteuil, hauteur, moteur, siège, vent — lâcher, sauter, tomber, tourner, traverser, voler.

la construction d'avions	Flugzeugbau
l'appareil m	Maschine, Flugzeug
l'avion m **à moteur/à réaction/de ligne, commercial**	Motor-/Düsen-/Verkehrsflugzeug
la voie des airs	Luftweg
l'aérodrome m	Flugplatz, -feld
l'aéroport m	Flughafen
l'aviateur m/**l'aviatrice** f	Flieger/in
le pilote	Pilot, Flugzeugführer
le pilote de ligne	Verkehrsflieger
le pilote d'essai	Versuchs-, Testflieger
l'élève m **pilote**	Flugschüler
le passager	Passagier, Fluggast
le billet de vol	Flugschein, -karte
le tableau de bord	Instrumenten-, Armaturenbrett
le manche à balai	Steuerknüppel
le vol [**à voile/de nuit**	Flug
le vol à longue distance/	Langstrecken-/Segel-/Nachtflug
le rayon d'action	Reichweite, Aktionsradius
le vent debout/arrière	Gegen-/Rückenwind
le mur du son	Schallmauer
les débris m	Trümmer, Überreste
atterrir, se poser	landen, niedergehen
s'abattre	abstürzen
aérien, ne	Luft-
le service aérien	Luftverkehr
la vue aérienne	Luftbild
civil, e	zivil, Zivil-
visible	sichtbar, wahrnehmbar

Sätze und Redewendungen: *par la voie des airs* auf dem Luftweg — *monter à bord de l'avion* in das Flugzeug einsteigen — *donner le signal du départ* den Start freigeben — *prendre le départ* starten — *prendre son vol* abfliegen — *quitter le sol* sich vom Boden abheben — *prendre de la hauteur* Höhe gewinnen, steigen — *atteindre une vitesse moyenne de 600 kilomètres à l'heure (km/h)* eine Durchschnittsgeschwindigkeit von 600 Stundenkilometern erreichen — *perdre de la hauteur* an Höhe verlieren — *toucher le sol* aufsetzen — *tomber en flammes* brennend abstürzen — *s'écraser au sol* am Boden zerschellen.

avoir le mal de l'air luftkrank sein — *faire du vol à voile* segelfliegen, Segelflug machen — *Paris à vol d'oiseau* Paris aus der Vogelschau — *distance à vol d'oiseau* Entfernung in Luftlinie — *Paris est à une heure de vol (de)* Paris ist eine Flugstunde entfernt (von).

59. Auto, Fahrrad usw. (cf. 60)

Grundwortschatz: accident, aile, auto, autobus, autocar, bicyclette, camion, chauffeur, danger, direction, essence, feu, huile, kilomètre, marche, mécanicien, mort, moteur, moto, réparation, roue, route, rue, sens, tour *m*, victime, vitesse, voiture — aller, appuyer, arrêter, causer, changer, circuler, conduire, dépasser, descendre, détourner, diriger, échapper, éclater, écraser, éviter, glisser, 'heurter, monter, partir, reculer, régler, remplacer, remplir, renverser, réparer, rouler, tourner — dangereux, droit, gauche, grave, lent, rapide, silencieux, violent.

le moyen de transport	Verkehrs-, Beförderungsmittel
le conducteur/la conductrice	Führer/in, Fahrer/in *(a. Straßenbahn)*
le permis de conduire	Führerschein
le/la cycliste	Radfahrer/in
la roue avant/arrière	Vorder-/Hinterrad
le cadre	Rahmen
la chaîne	Kette
le pneu	Reifen
la chambre à air	Schlauch
le frein	Bremse
le timbre	Klingel *(Fahrrad)*
le réservoir	Tank, Behälter
le garage	Garage, Reparaturwerkstatt *(Auto)*
le stationnement	Parken
le feu de stationnement/ de position	Standlicht

le poste d'essence, la station d'essence, la station-service	Tankstelle
la route nationale	große Durchgangs-, Bundesstraße
le détour	Umweg
la déviation	Umleitung
le règlement	Vorschrift
l'excursion f	Ausflug, Fahrt, Wanderung
le poste de secours	Unfallstation
circuler	verkehren, fahren
s'assurer (si)	nachsehen, sich vergewissern (ob)
accrocher qn/qc	jdn/etw anfahren
se renverser	umstürzen *itr*
freiner	bremsen
stationner	parken
barrer	sperren, versperren
gonfler	aufpumpen
opposé, e, contraire	entgegengesetzt *(Richtung)*
brusque	scharf, plötzlich
prudent, e	vor-, umsichtig
moyen [mwajɛ̃], **ne**	durchschnittlich, Durchschnitts-
tragique	tragisch

Sätze und Redewendungen: *passage interdit (aux voitures)* Durchfahrt (für Wagen) verboten — *attention travaux* Vorsicht, Straßenarbeiten — *interdit aux cyclistes* Radfahren verboten — *cyclistes pied à terre* Radfahrer absteigen — *stationnement interdit* Parken verboten — *stationnement jours pairs/impairs* Parken an Tagen mit geradem/ungeradem Datum (erlaubt).

Aktionsreihe: *sortir l'auto du garage* den Wagen aus der Garage holen — *mettre le contact* einschalten — *la clé de contact* Zündschlüssel — *mettre le moteur en marche* den Motor anlassen — *mettre/passer en 2e/3e vitesse/en marche arrière* den 2./3./Rückwärtsgang einschalten — *bien tenir sa droite/serrer à droite* scharf rechts fahren — *tourner le coin* um die Ecke biegen — *freiner brusquement* scharf bremsen — *serrer le frein* die Bremse anziehen — *mettre/couper les gaz* Gas geben/wegnehmen — *rouler avec prudence* vorsichtig fahren — *filer à toute allure* wahnsinnig schnell fahren — *monter/descendre une côte* bergauf/bergab fahren — *faire le plein (d'essence)* (voll)tanken — *en bon/mauvais état* in gutem/schlechtem Zustand — *il lui est arrivé/il a eu un accident* ihm ist ein Unfall zugestoßen/er hat einen Unfall gehabt — *être de retour* zurück sein.

60. Stadtverkehr und Sehenswürdigkeiten (cf. 59)

Grundwortschatz: agent, carte, centre, château, cinéma, cité, curiosité, église, entrée, environs, étranger, foule, gare, hôpital, hôtel, jardin, magasin, mairie, palais, place, pont, quartier, restaurant, sens, situation, sortie, théâtre, ville, visite — admirer, attirer, avertir, courir, franchir, indiquer, parcourir, passer, se promener, regarder, traverser, visiter — complet, curieux, particulier, populaire, public, unique.

la circulation	Verkehr
l'agent m **de la circulation**	Verkehrspolizist
l'accident m **de la circulation**	Verkehrsunfall
le piéton	Fußgänger
le trottoir	Bürgersteig, Gehweg, Trottoir
la chaussée	Damm, Fahrbahn
le pavé	Pflaster, Pflasterstein
le tramway [tramwɛ]	Straßenbahn
le taxi	Taxe, Mietwagen
le chauffeur de taxi	Taxifahrer
l'arrêt m	Haltestelle, Halt
le prix des places	Fahrpreis
la course	Fahrt
la grande ville	Großstadt
le boulevard	Boulevard *(breite Straße)*
le bâtiment	Gebäude, Bau
l'hôtel m **de ville**	Rathaus
le maire	Bürgermeister
le palais de justice	Gericht(sgebäude)
la Bourse	Börse
le musée	Museum
l'arc [ark] m **(de triomphe)**	(Triumph-)Bogen
la tour	Turm
la bibliothèque	Bibliothek, Bücherei
le clocher	Kirch-, Glockenturm
le monument	Denkmal, Bauwerk, Monument
la merveille	Wunder, Wunderwerk, Herrliches
le parc [park]	Park
le parc de stationnement	Parkplatz
le bassin	Wasserbecken, Bassin
l'établissement m	Anstalt
le guide	Führer *(Person u. Buch)*
l'accès m	Zugang, Zutritt, Betreten
l'intérieur m	Inneres

s'égarer sich verirren, sich verlaufen
errer umher-, herumirren, -wandern

animé, e belebt, lebhaft, rege
célèbre berühmt
original, e urwüchsig, ursprünglich

Sätze und Redewendungen: *défense de stationner* Parken verboten — *il est défendu de marcher sur la pelouse* das Betreten des Rasens ist verboten — *il est interdit de jouer dans la cour* Spielen auf dem Hof verboten — *s'engager dans/prendre une rue* in eine Straße einbiegen — *ne te fais pas écraser* paß auf, daß du nicht überfahren wirst.

Aktionsreihe: *être en ville* in der Stadt/nicht zu Hause sein — *aller à l'arrêt de l'autobus* zur Autobushaltestelle gehen — *tout le monde a son billet?* noch jemand ohne Fahrschein? — *vous descendez, madame/mademoiselle/monsieur?* steigen Sie aus? — *il y a encore des places debout/assises à l'intérieur* es sind noch Steh-/Sitzplätze im Wagen (im Innern des Wagens) — *offrir sa place à une vieille dame* einer alten Dame seinen Platz anbieten — *suivre la rue principale* die Hauptstraße entlanggehen/-fahren — *la foule se presse, on ne peut avancer que pas à pas* die Leute drängen sich, man kann nur schrittweise vorwärtskommen — *alors, on traverse?* wollen wir hinübergehen? — *qu'y a-t-il/qu'est-ce qu'il y a au coin de la rue?* was ist denn an der (Straßen-)Ecke los? — *demander son chemin* nach dem Weg fragen — *cette rue conduit-elle au musée?* führt diese Straße zum Museum? — *s'écarter du chemin* vom Wege abkommen — *se tromper de rue* sich in der Straße irren — *continuez tout droit* gehen Sie geradeaus weiter — *le musée n'est pas loin de la place/est du côté de la gare* das Museum ist nicht weit vom Platz/in Richtung Bahnhof.

XI. Sport

61. Sport (cf. 12)

Grundwortschatz: accident, adresse, auto, bicyclette, but, cheval, corde, décision, départ, disque, distance, effort, épreuve, filet, forme, jeu, lutte, moto, mouvement, partie, pied, poids, poing, point, résultat, sport, succès, victoire, voiture — accomplir, attaquer, combattre, courir, défendre, développer, s'efforcer, s'entraîner, essayer, exécuter, exercer, frapper, gagner, jeter, lancer, nager, organiser, perdre, plonger, pousser, reposer, repousser, réussir, sauter, tenter, tirer, tomber — égal, gauche, inférieur, supérieur, vif — arrière, avant, debout.

le sportif/la sportive	Sportler/in
l'amateur m	Amateur
l'arbitre m	Schiedsrichter
l'adversaire m	Gegner
le vainqueur	Sieger
le vainqueur aux points	Punktsieger
l'équipe f	Mannschaft; Equipe *(Reitsport)*
le champion/la championne (du monde)	(Welt-)Meister/in
le cycliste	Radfahrer
l'athlétisme m	Leichtathletik
le football [futbo:l]	Fußball
le ski	Schi, Schifahren, -lauf
le tennis [tenis]	Tennis
la gymnastique	Turnen
la culture physique	Leibesübung, Körperertüchtigung
le vol à voile	Segelflug
la balle	Ball *(Tennisball)*
le ballon	Ball *(Fußball)*
la boule de neige	Schneeball
le canot	Boot, Kahn
la rame	Ruder
la réunion sportive	Sportveranstaltung
la fête sportive	Sportfest
le public [pyblik]	Publikum, Zuschauer *pl*
le spectateur/la spectatrice	Zuschauer/in
l'habileté f	Gewandtheit
l'exercice m	Übung, Training
le combat	Kampf, Wettkampf
l'élan m	Anlauf, Schwung, Schneid
le service	Aufschlag *(Tennis)*
l'attaque f	Angriff
la défense	Verteidigung
la performance	Leistung
le record	Rekord
le record du monde	Weltrekord
le record national	Landesrekord
l'obstacle m	Hindernis, Behinderung
le crochet	Haken *(Boxen)*
le saut	Sprung, Springen
le saut en longueur/en hauteur	Weit-/Hochsprung
la course	Lauf, Rennen
la course d'automobiles/ de motos	Auto-/Motorradrennen

la course cycliste	Radrennen
la course de 100 mètres	100-m-Lauf
le Tour de France	*alljährliches Radrennen rund um [Frankreich*
le cheval/la voiture de course	Rennpferd/-wagen
le terrain de football/ de tennis	Fußball-/Tennisplatz
le match (les matches) [matʃ]	Wettspiel, Kampf, Match
le match aller/retour	Hin-, Auswärts-/Rück-, Heimspiel
le match de boxe/de football	Boxkampf/Fußballspiel
l'équipe f **de football**	Fußballmannschaft
le onze	die Elf
le poids léger/lourd	Leicht-/Schwergewicht(ler) *(Boxen)*
le poteau	Torpfosten, Ziel *(Pferderennen)*
l'arrêt m	Abbruch *(Kampf)*
le triomphe	glänzender Sieg, Triumph
la facilité	Leichtigkeit, Gewandtheit

lutter	ringen *(Sportart);* kämpfen
ramer	rudern
servir	aufschlagen *(Tennis)*
rejeter, renvoyer	zurückwerfen, zurückschlagen *(Ball)*
(re)bondir	(auf)springen *(Ball)*
ébranler	erschüttern *(Gegner)*
vaincre	siegen, besiegen
protester (contre)	protestieren (gegen)
siffler qn	jdn auspfeifen
défier qn	jdn herausfordern *(zum Kampf)*
rattraper qn	jdn einholen *(Lauf)*
se 'heurter	sich stoßen
arrêter	abbrechen *(Kampf)*
se baigner	baden

sportif, -ve	sportlich, Sport-
physique	physisch, körperlich, Körper-
souple, élastique	elastisch, federnd, geschmeidig
gauche	linkisch, unbeholfen, ungeschickt
inégal, e	ungleich, unregelmäßig
vainqueur	siegreich

Sätze und Redewendungen: *jouer à la balle, au ballon/aux boules* Ball/Kugelspiel spielen — *faire du sport/des sports d'hiver/du ski/de la gymnastique* Sport/Wintersport treiben/Schi laufen/turnen — *dis-*

puter un match de tennis ein Tennismatch austragen — *tirer au sort* auslosen — *faire de son mieux* sein Bestes tun — *faire (tout) son possible* sein Möglichstes tun — *en l'honneur du vainqueur/en son honneur* zu Ehren des Siegers/ihm zu Ehren.

Aktionsreihen: *donner le coup d'envoi* Anstoß haben, anstoßen — *passer le ballon (à)* (jdm) den Ball zuspielen — *garder le but* im Tor stehen, Torwart sein — *marquer/réussir un but* ein Tor schießen — *manquer le but* danebenschießen — *mener à la mi-temps* bei Halbzeit führen — *gagner par deux buts à un* mit 2 : 1 (Toren) gewinnen — *faire match nul* unentschieden spielen.
donner le départ de la course das Startzeichen für das Rennen geben — *courir au pas* im Schritt laufen — *au pas de course* im Laufschritt — *s'approcher du but* sich dem Ziel/*Fußball:* dem Tor nähern — *être en tête (de)* an der Spitze sein/liegen — *avoir une avance (de ... m)* einen Vorsprung (von ... Metern) haben.
lancer le poids/le disque/le marteau die Kugel stoßen/den Diskus/Hammer werfen/schleudern — *(sou)lever un poids* ein Gewicht heben — *il a failli établir/battre le record national/un record du monde* er hätte beinahe den Landesrekord/einen Weltrekord aufgestellt/gebrochen.
aller à terre zu Boden gehen *(Boxen)* — *se remettre sur ses pieds* wieder hochkommen — *tenir la tête droite* den Kopf hoch/aufrecht halten — *être à égalité de points avec qn* mit jdm punktgleich sein — *battre l'adversaire aux points* den Gegner nach Punkten schlagen — *arrêter le combat* den Kampf abbrechen — *protester contre la décision de l'arbitre* gegen die Entscheidung des Schiedsrichters protestieren.

62. Angeln, Jagd

Grundwortschatz: bateau, chasse, chien, fil, filet, ligne, mouche, pêcheur, poisson, trace — atteindre, blesser, bouger, chasser, fixer, flotter, glisser, jeter, lancer, manquer, mordre, pêcher, poursuivre, prendre, remuer, retirer, tirer, tuer — mort, vivant.

la pêche	Fischfang, Angeln
l'ouverture f de la pêche/chasse	Eröffnung der Angel-/Jagdsaison
le permis de pêche/chasse	Angel-/Jagdschein
la canne à pêche	Angelrute
le bouchon	Kork
le poisson d'eau douce/de mer/de rivière	Süßwasser-/See-/Flußfisch
le chasseur/la chasseuse	Jäger/in

le fusil [fyzi] **de chasse**	Jagdgewehr, Flinte
le plomb (de chasse)	Schrot
la balle	Kugel
le gibier	Wild, Wildbret
le lièvre	Hase
le lapin	Kaninchen, Karnickel
le canard	Ente
le loup/la louve	Wolf/Wölfin
la blessure	Verwundung, Verletzung
la poursuite	Verfolgung
s'envoler	auf-, wegfliegen
viser (qc)	zielen (auf)
attraper	fangen
rejeter (à l'eau)	(ins Wasser) zurückwerfen
rattraper	wieder ergreifen, einfangen
sauvage	wild, ungezähmt

Sätze und Redewendungen: *chasser le lièvre* auf Hasen jagen — *la chasse aux lièvres* die Hasenjagd — *faire une bonne pêche/prise* einen guten Fang machen.

Aktionsreihe: *le chasseur va à la chasse avec son chien* der Jäger geht mit seinem Hund auf die Jagd — *il charge son fusil avec du plomb* er lädt sein Gewehr mit Schrot — *un canard sauvage s'envole* eine Wildente fliegt auf — *le chasseur vise, le coup part* der Jäger zielt, der Schuß fällt — *le chasseur a bien tiré, il a atteint le canard* der Jäger hat gut geschossen, er hat die Ente getroffen — *le canard tombe à terre* die Ente fällt/stürzt zu Boden/zur Erde — *le chien de chasse rapporte le canard que son maître a abattu* der Jagdhund apportiert die von seinem Herrn erlegte Ente.

XII. Wissenschaft und Schule

63. Geistige und wissenschaftliche Tätigkeit (cf. 30)

Grundwortschatz: avis, but, connaissance, conscience, domaine, erreur, esprit, étude, examen, expérience, fait, fin, idée, imagination, instinct, intelligence, mémoire *f*, moyen, nécessité, opinion, pensée, plan, preuve, principe, progrès, projet, raison, recherche, réflexion, science, sens, succès, vérité — admettre, appliquer, apprendre, atteindre, chercher, comparer, comprendre, concevoir, confondre, connaître, considérer, constater, convaincre, croire, découvrir, deviner, employer, estimer, établir, étudier, examiner, expliquer, figurer, ignorer, imaginer, juger, obtenir, oublier, penser, prévoir, prouver, rappeler, réaliser, reconnaître, réfléchir, résoudre, savoir, songer, se souvenir, supposer, trouver — capable, certain, confus, important, impossible, incapable, inconnu, intelligent, mûr, net, obscur, possible, précis, sûr, utile, vrai — évidemment, exactement, précisément.

la civilisation	Kultur, Zivilisation
la culture	Bildung
le savant	Gelehrter
l'étudiant m/**l'étudiante** f	Student/in, Studierende/r
l'ignorant m/**l'ignorante** f	Ignorant/in, Unwissende/r
le problème	Problem, Frage
la théorie	Theorie, Lehre
la pratique	Praxis, praktische Erfahrung
la méthode	Methode, Verfahrensweise
le procédé	Verfahren, Vorgehen, Methode
la fantaisie	Phantasie, Einfall
l'illusion f	Illusion, Sinnestäuschung
la conviction	Überzeugung, Auffassung
l'observation f	Beobachtung
la découverte	Entdeckung
l'invention f	Erfindung
la certitude	Sicherheit, Gewißheit
la précision	Genauigkeit, Klarheit, Präzision
la reconnaissance	Erkennen, Anerkennung
la bêtise	Dummheit

envisager	planen, vorsehen
rechercher	(er)forschen, suchen
fouiller	forschen, eingehend erörtern
procéder (à)	schreiten (zu), verfahren
déterminer	bestimmen, festlegen [drücken
préciser	genau bestimmen, angeben, aus-
inventer	erfinden, aus-, erdenken
confirmer	bestätigen, bekräftigen
utiliser	gebrauchen, benutzen

attentif, -ve (à)	aufmerksam, bedacht (auf)
spirituel, le	geistreich
ignorant, e	unwissend, ungebildet
simple/faible d'esprit	einfältig, schwachsinnig
connu, e	bekannt
évident, e	offensichtlich, klar, evident

exact [ɛgza(kt)], **e** — genau, zuverlässig, exakt
nettement adv — klar, deutlich
afin que + subj — damit, auf daß

Sätze und Redewendungen: *se faire comprendre* sich verständlich machen — *avoir l'esprit clair* einen klaren Verstand haben — *se faire une idée de qc* sich einen Begriff/eine Vorstellung von etw machen — *je n'aurais pas eu cette idée* auf diesen Gedanken wäre ich nicht gekommen — *il me vient à l'esprit que* ... es fällt mir ein, daß ... - *l'idée me vint de* ... ich kam auf die Idee/auf den Einfall, ... — *se former une opinion sur qc* sich über etw ein Urteil bilden — *comme preuve de cela* zum Beweise dafür — *tout bien considéré* alles wohl überlegt — *(toute) réflexion faite, après mûre réflexion* nach reiflicher Überlegung.
dans ce but, à cette fin zu diesem Zweck — *il est généralement admis que* ... man nimmt allgemein an, daß ... — *l'expérience a confirmé la théorie* die Erfahrung hat die Theorie bestätigt — *exercer une influence* einen Einfluß ausüben, sich auswirken — *dans des conditions déterminées* unter bestimmten Bedingungen.
arriver à un résultat zu einem Ergebnis kommen — *réaliser des progrès dans un domaine* Fortschritte auf einem Gebiet erzielen — *rechercher les causes d'un phénomène* nach den Ursachen einer Erscheinung forschen — *il est apparu que* ... es hat sich herausgestellt, daß ... — *tirer une conclusion/une conséquence de qc* einen Schluß aus etw ziehen — *cela ne se produit que rarement* das kommt nur selten vor.

64. Philosophie (cf. 30; 63)

Grundwortschatz: âme, doute, essence, existence, ordre, système — s'appuyer, associer, douter, mener, traiter.

la philosophie — Philosophie, (Lebens-)Weisheit
le libre arbitre — Willensfreiheit, freier Wille
l'être m — Sein, (Lebe-)Wesen, Mensch
le moi — das Ich
la morale — Sittenlehre, Ethik, Moral
le traité — Abhandlung

démontrer — be-, erweisen, veranschaulichen
justifier qn, qc — rechtfertigen, begründen
justifier de qc — nachweisen, den Beweis erbringen für

nier — verneinen, leugnen, abstreiten

contempler	*(lange und prüfend)* betrachten, nachsinnen
varier (sur)	abweichen (in)
démonstratif, -ve	beweisend, überzeugend
néanmoins	nichtsdestoweniger, trotzdem

Sätze und Redewendungen: *je pense, donc je suis* ich denke, also bin ich (*cogito ergo sum* Descartes) — *avoir une idée de qc* eine Vorstellung von etw haben — *suivre la philosophie du bon sens* sich nach dem gesunden Menschenverstand richten — *faire/suivre un cours de philosophie* eine Philosophievorlesung halten/besuchen.
s'écarter de la vérité von der Wahrheit abweichen — *la fin justifie les moyens* der Zweck heiligt die Mittel.

65. Geschichte (cf. Kap. VIII; 63)

Grundwortschatz: âge, arme, avenir, bourgeois, château, époque, événement, fait, guerre, histoire, humanité, origine, paix, passé, présent, prince, race, roi, seigneur, situation, temps, tradition — arriver, développer, passer, produire, soulever, soumettre — ancien, moderne, noble, présent.

la date	Datum
l'époque f **primitive**	Urzeit
l'âge m **de pierre**	Steinzeit
le temps présent	Gegenwart
les temps m **modernes**	Neuzeit
la civilisation	Kultur, Zivilisation
le développement	Entwicklung
la grandeur	Größe
la ruine	Untergang, Ruin
le mémoire	Denkschrift, Bericht, Memorandum
les Mémoires m	Denkwürdigkeiten, Memoiren
la note	Aufzeichnung, Note *(politisch)*
la guerre civile/de religion	Bürger-/Religionskrieg
le privilège	Privileg, Vorrecht
la noblesse	Adel
le noble	Adliger
la dame noble	Edelfrau
le gentilhomme/les gentilshommes [ʒɑ̃tijɔm/ʒɑ̃tizɔm]	Edelmann/Edelleute
le comte/la comtesse	Graf/Gräfin

le prince/la princesse	Prinz/essin, Fürst/in
la reine	Königin
l'empereur m	Kaiser
le monarque	Monarch, Alleinherrscher
la majesté	Majestät, Hoheit
la couronne	Krone
la suite	Gefolge, Begleitung
l'épée f	Schwert, Degen
l'arc m [ark]	Bogen
le fossé	Graben *(Burg)*
le traité	Vertrag, Abkommen
historique	historisch, geschichtlich, Geschichts-
passé, e	vergangen, vorbei
original, e	ursprünglich
paisible	friedlich, ruhig, still
glorieux, -euse	ruhmvoll, ruhm-, glorreich
royal, e	königlich
immortel, le	unsterblich, unvergänglich
primitif, -ve	primitiv, Ur-, ursprünglich
antique	antik, (ur)alt
romain, e	römisch
grec [grɛk], **grecque**	griechisch

Sätze und Redewendungen: *déposer la couronne* die Krone niederlegen — *si j'ai bonne mémoire* wenn ich mich recht erinnere — *ce monument a été élevé à la mémoire de Napoléon Ier/en mémoire de la victoire de Wagram* dieses Denkmal ist zur Erinnerung an Napoleon I./in Erinnerung an den Sieg bei Wagram errichtet worden — *envahir un pays* in ein Land einfallen.

66. Literatur (cf. 23; 63)

Grundwortschatz: article, auteur, aventure, chef-d'œuvre, compte rendu, détail, fond, forme, genre, intérêt, matière, nouvelle, œuvre, ouvrage, page, passage, peinture, personnage, poésie, sujet, table des matières, théâtre, titre — amuser, attaquer, combattre, concevoir, consacrer, contenir, créer, écrire, imiter, intéresser, rapporter, représenter, traiter — charmant, commun, exact, intéressant, merveilleux, populaire, précieux, ridicule, simple.

la littérature	Literatur, Schrifttum
le contenu	Inhalt
la tragédie	Tragödie, Trauerspiel

la comédie	Komödie, Lustspiel(theater)
le drame	Drama, Schauspiel
le roman	Roman
le conte	Kurzgeschichte, Märchen
le poème	(längeres) Gedicht
le vers	Vers
l'épisode m	Episode, Teil *(eines Romans)*
le volume	Band *(Buch)*
le chapitre	Kapitel *(Buch)*
l'écrivain m	Schriftsteller
le poète	Dichter, Poet
le lecteur/la lectrice	Leser/in
la préface	Vorwort
la critique littéraire	Buchbesprechung
le texte	Text, Wortlaut
le style	Stil, Ausdrucksweise
la facilité	Flüssigkeit *(Stil)*
l'influence f	Einfluß
la simplicité	Einfachheit, Schlichtheit
le lieu commun	Gemeinplatz, Banalität, Trivialität
le développement	Entwicklung, Ausführung
la bibliothèque	Bibliothek, Bücherei
le bulletin de demande	Bestellschein *(Bibliothek)*
la locution	Redensart, Redewendung
l'original m	Original, Urtext, Urschrift
la revue	Zeitschrift
la colonne	Spalte *(Zeitung)*
les faits m **divers**	Verschiedenes, vermischte Nachrichten
le résumé	Inhaltsangabe, Zusammenfassung
la rédaction	Schriftleitung; Abfassung *(Artikel)*
composer	verfassen, schreiben, dichten
citer	zitieren, anführen
emprunter (à)	entlehnen
proclamer	verkünden
souligner	hervorheben, unterstreichen
signaler qc	auf etw hinweisen
instruire	belehren
charmer	bezaubern, gefangennehmen
traduire	übersetzen
renfermer	enthalten, umfassen
publier	herausgeben, veröffentlichen
littéraire	literarisch
poétique	dichterisch, poetisch

comique	lustig, scherzhaft, komödienhaft
touchant, e	rührend, ergreifend
saisissant, e	ergreifend, packend
passionnant, e	spannend

Sätze und Redewendungen: *vient de paraître* soeben erschienen *(Buch)* — *cet ouvrage a fait sensation* dieses Werk hat Aufsehen erregt — *prendre exemple sur les grands auteurs* sich die großen Schriftsteller zum Vorbild nehmen — *consulter un dictionnaire* in einem Wörterbuch nachsehen/nachschlagen.
à suivre Fortsetzung folgt — *apprendre par le journal* aus der Zeitung erfahren — *tenir/savoir de bonne source* aus guter Quelle wissen — *le bruit court que* ... es geht das Gerücht, daß ...

67. Grammatik (cf. 23; 68)

Grundwortschatz: accord, action, article, cas, discours, faute, forme, genre, lettre, mot, nom, nombre, passé, personne, phrase, point, présent, règle, signe, sujet, temps, trait — ajouter, appliquer, commencer, construire, désigner, employer, former, indiquer, remplacer, séparer, signifier, terminer, venir — personnel, régulier, simple, singulier.

la grammaire	Grammatik
la construction	Konstruktion *(Satz)*, (Auf-)Bau
la proposition (principale)	(Haupt-)Satz
le discours (in)direct [(ɛ̃)dirɛkt]	(in)direkte Rede
le langage	Sprache, Sprech-, Ausdrucksweise
le vocabulaire	Vokabular, Wortschatz, Wörterverzeichnis
l'omission f	Auslassung
l'exception f	Ausnahme
à l'exception de	mit Ausnahme von
le nom propre/de personne	Eigen-/Personenname
la racine	Wurzel, Ursprung
la terminaison	Endung
la voyelle [vwajɛl]	Vokal, Selbstlaut
la consonne	Konsonant, Mitlaut
le singulier	Singular, Einzahl
le pluriel	Plural, Mehrzahl
le verbe	Verbum, Tätigkeitswort
l'accent m	Akzent

la cédille (ç)	Cedille
le tréma (ë)	Trema
les deux points m	Doppelpunkt
le point d'exclamation/ d'interrogation	Ausrufe-/Fragezeichen
la virgule	Komma
le point-virgule	Semikolon, Strichpunkt
le tiret	Gedankenstrich
le guillemet [gijmɛ]	Anführungszeichen, Gänsefüßchen
les points m **de suspension**	Auslassungs-, Unterbrechungspunkte
la parenthèse	(runde) Klammer, Einschiebsel
le crochet	(eckige) Klammer
corriger	verbessern, korrigieren
conjuguer	konjugieren
s'accorder avec	sich richten nach, übereinstimmen
se rapporter à	sich beziehen auf [mit
gouverner	regieren
compléter	ergänzen, vervollständigen
omettre	aus-, weglassen
sauter	auslassen, überspringen
compliquer	erschweren, komplizieren, verwirren
composé, e	zusammengesetzt, -gestellt
passé, e	vergangen, vorbei
futur, e	künftig, zukünftig
(im)personnel, le	(un)persönlich
affirmatif, -ve	bejahend, positiv
négatif, -ve	verneinend, negativ

Sätze und Redewendungen: *observer/négliger les règles de la grammaire* die Grammatikregeln befolgen/außer acht lassen — *mettez cette phrase au singulier/au pluriel* setzen Sie diesen Satz in den Singular/Plural — *mettez ce mot entre parenthèses* setzen Sie dieses Wort in (runde) Klammern — *ouvrez/fermez la parenthèse* Klammer auf/zu!
l'exception confirme la règle die Ausnahme bestätigt die Regel.

68. Erziehung, Schule, Unterricht (cf. 1; 23; 63—67; 69—71)

Grundwortschatz: administration, armoire, attention, banc, bâton, bureau, camarade, carte, chaise, chiffon, classe, cour, cours, devoir, difficulté, directeur, école, éducation, élève, épreuve, exemple, faute,

Prüfung

instruction, leçon, maître, matière, papier, peine, phrase, place, plume, prix, question, règle, réponse, salle, sens, serviette, table, vacances — apporter, apprendre, s'asseoir, comprendre, entrer, essuyer, étudier, exercer, expliquer, interroger, lire, louer, manquer, mettre, montrer, occuper, préparer, punir, répéter, répondre, reprendre, réussir, savoir, signifier, souffler — bête, difficile, excellent, facile, faux, inférieur, intelligent, juste, particulier, pénible, public, supérieur, tranquille — (très) bien, debout, par cœur.

l'enseignement m	Unterrichtswesen, Unterricht(en)
l'enseignement m **public**	öffentlicher Schuldienst, Schulwesen
l'enseignement m **libre**	Privatschulunterricht, -wesen
l'enseignement m **supérieur**	Hochschulunterricht, -wesen
l'école f **de garçons/de filles**	Knaben-/Mädchenschule
le lycée	(staatl.) Gymnasium
le lycée de jeunes filles	Mädchengymnasium, Lyzeum
le collège	(städt.) höhere Schule, Gymnasium
l'école f **de commerce**	Handelsschule
la (classe de) 6e, 5e, etc.	Sexta, Quinta usw.; 1., 2. Klasse usw.
l'instituteur m/**l'institutrice** f	(Grund- und Hauptschul-)Lehrer/in
le professeur de lycée, de collège/de faculté	Studienrat/Universitätsprofessor
le professeur d'allemand/d'éducation physique	Deutsch-/Turnlehrer
la physique	Physik
la gymnastique	Turnen
la salle de gymnastique	Turnhalle
le pupitre	(Schreib-, Lese-)Pult
la culture physique	Leibesübungen
l'écolier m/**l'écolière** f	Schüler/in
le cahier	Heft, Schreibheft
l'écriture f	Schrift, Handschrift
l'encre f	Tinte
l'encrier m	Tintenfaß
le porte-plume inv	Federhalter
le stylo(graphe)	Füllfederhalter, Füller
la gomme	Radiergummi
la craie	Kreide
l'éponge f	Schwamm
la dictée	Diktat
la rédaction	Ausarbeitung, kleiner Aufsatz
la composition	Klassenarbeit
la composition française	der französische Aufsatz

la lecture	Lesen, Lektüre, Lesestoff
l'explication f	Erklärung, Erläuterung, Auslegung
la traduction	Übersetzung, Übertragung
le dictionnaire	Wörterbuch, Lexikon
le dictionnaire de poche	Taschenwörterbuch
la signification	Bedeutung *(eines Wortes)*
la prononciation	Aussprache
la tâche	Aufgabe, Arbeit
le thème	Übersetzung *(in die Fremdsprache)*
la version	Übersetzung *(in die Muttersprache)*
l'exercice m	Übung *(a. Sport)*; *pl* Übungsbuch
la note	Note, Prädikat, Zensur; Anmerkung
le bulletin	Zeugnis
la récompense (de)	Belohnung, Lohn (für)
la bourse	Stipendium, Freistelle, -platz
la punition	Bestrafung, Strafe
le baccalauréat (bac)	Abitur, Reifeprüfung
l'accès m	Zugang, -tritt
la faculté	Fakultät; Universität
l'université f	Universität, Hochschule
l'auditeur m/**l'auditrice** f	Hörer/in
le lecteur m/**la lectrice** f	Lektor/in
la cloche	Glocke, Läutewerk
la récréation	(Schul-)Pause, Erholungspause
la rentrée (des classes)	Schul(jahrs)beginn *(nach den großen Ferien)*
fréquenter	besuchen *(Schule)*
enseigner qc à qn/à + inf	jdn etw lehren, jdm etw beibringen
instruire	unterrichten, belehren, anweisen
surveiller (qn)	beaufsichtigen, die Aufsicht führen
dicter	diktieren [(über)
épeler	buchstabieren
souligner	unterstreichen, betonen, hervorheben
noter	notieren, sich merken, zensieren
traduire	übersetzen, übertragen
copier (sur)	abschreiben (von)
réciter	aufsagen, vortragen *(Gedicht)*
s'appliquer (à)	sich bemühen, sich befleißigen
s'inscrire	sich eintragen lassen, sich anmelden
attentif, -ve (à)	aufmerksam (auf)
appliqué, e	fleißig, strebsam
studieux, -euse	arbeitsam, fleißig, strebsam
moyen [mwajɛ̃], **ne**	mittelmäßig, Durchschnitts-

paresseux, -euse	faul, träge
imbécile	dumm, einfältig
distinct [distɛ̃], **e**	deutlich, klar *(Aussprache)*
savant, e	gelehrt
correct [kɔr(r)ɛkt], **e**	korrekt, einwandfrei, fehlerlos
insuffisant, e	ungenügend, -zureichend, mangelhaft
oral, e	mündlich
écrit, e	schriftlich
sauf adv	außer, vorbehaltlich, abgesehen von
si adv	ja, doch *(nur nach verneinter Frage)*

Sätze und Redewendungen: *réussir à l'examen d'entrée* die Aufnahmeprüfung bestehen — *admettre qn au lycée* jdn ins Gymnasium aufnehmen — *faire de la gymnastique* turnen — *tant bien que mal* schlecht und recht, so gut es eben geht.

faire la classe Unterricht erteilen, unterrichten — *avoir classe* Unterricht haben — *il y a/il n'y a pas classe* es ist Unterricht/es ist frei — *se tenir tranquille* sich ruhig verhalten — *faire une dictée* ein Diktat schreiben — *n'avez-vous pas votre cahier? — Si, je l'ai dans ma serviette* haben Sie Ihr Heft nicht? — doch, ich habe es in der Mappe — *vous y êtes?* sind Sie so weit? — *remettre/ramasser les cahiers* die Hefte abgeben/einsammeln — *apprendre qc dans un livre* etw aus einem Buch lernen — *lire à haute voix* laut vorlesen — *mettre l'accent sur un mot* ein Wort betonen — *où en sommes-nous resté(e)s?* wo sind wir stehengeblieben? — *nous en sommes à la page sept* wir sind (auf) Seite 7 — *vous y êtes?* verstanden? klar? — *j'y suis* ich verstehe/bin im Bilde — *tous sauf/excepté lui* alle außer ihm — *à qui le tour?* wer ist dran/an der Reihe? — *c'est mon/ton/son tour* ich bin/du bist/er ist dran — *c'est le tour de Paul* Paul ist dran — *prendre note de qc* etw aufschreiben — *c'est ça, parfaitement* so ist es, richtig, ganz gewiß! — *à la rigueur* zur Not, im Notfall, äußerstenfalls.

préparer le baccalauréat sich auf das Abitur vorbereiten — *faire ses études à l'université* auf/an der Universität studieren — *il est étudiant en droit/en médecine/en lettres/en sciences* er ist stud. jur./stud. med./stud. phil./stud. rer. nat. — *faire son droit/sa médecine, etc.* Jura/Medizin usw. studieren — *faire un cours* eine Vorlesung halten — *c'est un homme d'une grande culture générale* es ist ein Mann von/mit großer Allgemeinbildung.

XIII. Künstlerisches Schaffen

69. Allgemeines

Grundwortschatz: admiration, art, chef-d'œuvre, début, expression, faveur, genre, goût, nature, œuvre, ouvrage, succès, sujet — admirer, exprimer, louer, plaire, reprocher; saisir, toucher — admirable, affreux, beau, extraordinaire, fameux, magnifique, naturel, ordinaire, simple.

l'artiste m/f	Künstler/in
la carrière	Laufbahn, Karriere
le talent	Talent, Anlage, Gabe, Fähigkeit
le génie (de)	Genie, Talent (zu, für)
le style	Stil, Ausdrucksform
la réputation	Ruf, Ansehen
l'œuvre f **d'art**	Kunstwerk
le/la critique	Kritiker/Kritik
déplaire	mißfallen, nicht gefallen
traduire	ausdrücken, zum Ausdruck bringen
doué, e (pour)	begabt (für)
célèbre	berühmt
illustre	bekannt, berühmt, hochberühmt
original, e	ursprünglich, originell
remarquable	bemerkenswert, beachtlich
critique	kritisch

Sätze und Redewendungen: *chacun à son goût* jeder nach seinem Geschmack — *avoir du goût* Geschmack haben — *il faut être artiste pour* ... man muß schon Künstler sein, um ... — *l'art pour l'art* die Kunst nur um der Kunst willen — *être au-dessus/au-dessous de toute critique* über alle Kritik erhaben/unter aller Kritik sein.

70. Malerei, Bildhauerei, Baukunst (cf. 68)

Grundwortschatz: aspect, beauté, cercle, charme, coin, crayon, dessin, différence, forme, image, ligne, lumière, ombre, plan, rayon, sculpture, tableau, taille, ton, type — changer, dessiner, distinguer, effacer, former, frapper, imiter, peindre, ressembler, tailler, transformer — blanc, bleu, blond, gris, jaune, noir, rose, rouge, vert; bizarre, clair, court, différent, droit, étrange, étroit, foncé, frais, gai, horrible, joli, léger, merveilleux, moderne, nouveau, obscur, parfait, régulier, rond, singulier, sombre, tendre, triste, vif.

le (l'artiste) peintre	(Kunst-)Maler
le modèle	Modell, Vorlage
le paysage	Landschaft
le portrait	Porträt, Bildnis
la nuance	Nuance, Schattierung, Farbton
le premier plan	Vordergrund
l'arrière-plan m	Hintergrund
la copie	Kopie, Nachahmung, -bildung
le cadre	Rahmen
le Salon de peinture	Gemälde-, Kunstausstellung
la galerie	(Gemälde-)Galerie
l'architecture f	Architektur, Baukunst, -form
l'angle m	Winkel, Ecke, Kante
le demi-cercle	Halbkreis
la base	Fuß, Sockel
la colonne	Säule
la voûte	Gewölbe, Wölbung
le crayon rouge/de couleur	Rot-/Farb-, Buntstift
la décoration	Ausstattung, Dekoration
l'art m **industriel**	Kunstgewerbe
tracer	ziehen, zeichnen
copier	kopieren, nachahmen, nachbilden
modifier	ver-, abändern, modifizieren
se détacher (sur)	sich abheben (von)
affecter	annehmen *(Form)*
couler	gießen
sculpter [skylte]	in Stein hauen; schnitzen
gracieux, -euse	zierlich, gefällig
sévère	streng
voûté, e	gewölbt
carré, e	quadratisch
lisse	glatt

Sätze und Redewendungen: *dessiner d'après nature/de mémoire* nach der Natur/aus dem Gedächtnis zeichnen — *faire faire son portrait* sich malen lassen — *peindre à l'huile* in Öl malen — *appliquer la couleur* die Farbe auftragen — *à la manière de (Picasso)* nach Art von (Picasso) — *sculpter sur (le) bois/sur (la) pierre* schnitzen/in Stein hauen — *prendre forme* Gestalt annehmen/gewinnen — *prendre la forme de qc* die Gestalt von etw annehmen — *les formes se dessinent (sur)* die Formen zeichnen sich ab (auf/gegen) — *revêtir une autre forme* eine andere Form/Gestalt annehmen — *en forme de coin* keilförmig — *observer les proportions (de qc)* die Proportionen wahren.

71. Musik, Gesang (cf. 23; 68)

Grundwortschatz: air, chanson, chant, corde, danse, disque, morceau, musique, passage, ton, voix — accompagner, chanter, danser, diriger, écouter, entendre, exécuter, jouer — agréable, bas, doux, faux, gai, juste, populaire, tendre, triste.

le musicien/la musicienne	Musiker/in
le compositeur/la compo-	Komponist/in
la composition **[sitrice**	Komposition, Musikstück
l'orchestre m [ɔrkɛstr(ə)]	Orchester, Kapelle
le chef d'orchestre	Kapellmeister
l'ouverture f	Ouvertüre
le piano	Klavier, Piano
le piano à queue	Flügel
le violon **[à vent**	Geige, Violine
l'instrument m **à cordes/**	Saiten-/Blasinstrument
le tourne-disque (pl **s)**	Plattenspieler
la note	Note
l'accord m	Akkord
le son	Ton, Laut
l'écho [eko] m	Echo, Widerhall
la mesure	Takt
composer	komponieren
retentir	erklingen, -schallen, -tönen
accorder	stimmen *(Instrument)*
éclatant, e	(laut) schallend, schmetternd
musical, e	musikalisch, sich auf Musik be-
la soirée musicale	Musikabend [ziehend
musicien, ne	musikalisch, musikverständig
être musicien, ne	musikalisch/Musiker sein

Sätze und Redewendungen: *faire de la musique* musizieren, Musik treiben — *aimer la musique* musikalisch, musikliebend sein — *jouer d'un instrument/du piano/du violon* ein Instrument/Klavier/Geige spielen — *exécuter/jouer un morceau de musique* ein Musikstück vortragen/spielen — *accompagner le chant au piano* den Gesang auf dem Klavier begleiten — *donner le ton* den Ton angeben — *battre la mesure* den Takt schlagen — *chanter à plusieurs voix* mehrstimmig singen — *jouer à quatre mains* vierhändig spielen.

72. Theater, Kino, Photographie (cf. 66)

Grundwortschatz: acte, action, appareil, bande, billet, cinéma, début, film, foyer, intérêt, personnage, photo, pièce, rang, rideau, rôle, salle, scène, spectacle, théâtre — assister, baisser, développer, écouter, entendre, jouer, lever, paraître, photographier, réaliser, représenter, réserver, sortir, tomber, voir — gai, triste.

l'artiste m/f **de cinéma**	Filmschauspieler/in
l'acteur m/**l'actrice** f	Schauspieler/in
le public [pyblik]	Publikum, Zuschauer
le spectateur m/**la spectatrice** f	Zuschauer/in
la représentation	Aufführung, Vorstellung
la séance	Vorstellung *(Kino)*
l'entracte	Pause
la mise en scène	Inszenierung, Regie
le programme	Programm
le drame	Drama, Schauspiel
la tragédie	Tragödie, Trauerspiel
la comédie	Komödie, Lustspiel(theater)
la revue à grand spectacle	Revue
le texte	Text, Wortlaut
l'ensemble m	Ensemble
la troupe	(Theater-)Truppe
le guichet	Schalter
la caisse	Kasse
la sortie de secours	Notausgang
l'écran m	(Film-)Leinwand
le(s) dessin(s) animé(s)	Trickfilm
le lieu (de l'action)	Schauplatz (der Handlung)
le photographe	Photograph
la photo(graphie) en couleurs	Farbphoto
applaudir (qn)	(jdm) Beifall spenden, klatschen
jouer [(à, dans)	spielen *(Theaterstück)*
se passer/se dérouler, être	spielen, vor sich gehen
tragique	tragisch
comique	komisch, lustig, komödienhaft
dramatique	dramatisch

Sätze und Redewendungen: *interdit aux moins de seize ans* für Jugendliche unter 16 Jahren verboten — *frapper les trois coups* das Zeichen *(dreimaliges Klopfen)* zum Beginn der Vorstellung geben — *mettre en scène* inszenieren — *mettre à la scène, faire représenter* auf die Bühne bringen/stellen — *la scène se passe/est à Paris* das Stück spielt in Paris — *jouer un rôle* eine Rolle spielen — *entrer/paraître en scène* auftreten — *sortir* abgehen.

tourner/réaliser un film einen Film drehen — *réaliser un film* einen Film herstellen — *porter à l'écran* auf die Leinwand bringen, verfilmen — *prendre/faire des photos* Fotos/Aufnahmen machen — *tirer des épreuves* Abzüge machen.

73. Rundfunk, Fernsehen

Grundwortschatz: appareil, bouton, disque, lampe, poste, radio, télévision — annoncer, écouter, entendre, recevoir, regarder, régler, tourner.

l'auditeur m/**l'auditrice** f	Hörer/in, Zuhörer/in
la station, le poste	Station, Anlage *(Rundfunk)*
l'émission f	Sendung
la réception	Empfang
la transmission	Übertragung, Senden
la (re)transmission à la radio/de télévision	Rundfunk-/Fernsehübertragung
la pièce radiophonique	Hörspiel
l'écran m	Bildschirm *(Fernsehen)*
l'onde f	Welle
les ondes f **longues/courtes**	Lang-/Kurzwelle(n)
la longueur d'ondes	Wellenlänge
le message par radio	Funkspruch
la télévision en couleurs	Farbfernsehen
émettre	senden
transmettre	senden, geben
(re)transmettre	übertragen

Sätze und Redewendungen: *faire marcher/mettre la radio/la télévision* den Rundfunk/das Fernsehen einschalten/anstellen — *le soir, j'aime regarder la télévision* abends sehe ich gerne fern — *écoutez-vous souvent la radio?* hören Sie oft Radio/Rundfunk? — *j'écoute régulièrement les informations/le journal parlé* ich höre regelmäßig die Nachrichten — *avez-vous entendu cela à la radio?* Haben Sie das im Rundfunk gehört? — *j'ai appris cela par la voie des ondes* ich habe das durch/über den Rundfunk erfahren — *combien de postes pouvez-vous prendre?* wie viele Stationen/Sender können Sie hören/empfangen? — *l'image est mauvaise* das Bild ist schlecht.
donner/présenter une pièce radiophonique ein Hörspiel senden/bringen — *arrêter son poste/son appareil, fermer la radio* sein (Radio-) Gerät abstellen/aus-/abschalten.

Französisches Register zum Aufbauwortschatz

Die Ziffern hinter den Wörtern geben die Seiten an. Die Ziffern in Klammern zeigen an, wie oft das betreffende Wort auf einer Seite vorkommt. Nicht aufgenommen sind die Wörter, die sich bereits im Grundwortschatz finden.

A

D

E

M

Q

R

T

U

V

W

Deutsches Register zum Aufbauwortschatz

F

G

L

N

Q

R

S

T

V

Notizen

Notizen

Notizen

Vocabulaire de base Exercices pratiques

Herausgegeben von B. Cuinet
Klettbuch 52352

Dieses Übungsbuch bezieht sich im Vokabular und in der Anordnung der Kapitel auf den Grundwortschatz des Werkes „Grund- und Aufbauwortschatz Französisch“ (Klettbuch 52351). Es will den Lernenden zur aktiven wie passiven Beherrschung des französischen Grundwortschatzes hinführen.
Die Übungen sind in zwei Gruppen gegliedert: In der ersten Gruppe soll aus mehreren gegebenen Möglichkeiten der passende Ausdruck gewählt werden *(multiple choice).* In der zweiten Gruppe muß je nach Sinn oder Stellung im Satz das richtige Wort oder der richtige Ausdruck gefunden werden.